Pourquoi la Terre change

Larisa Seklitova
Ludmila Strelnikova

Pourquoi la Terre change

Le série « La Magie de la Perfection

Edition : BoD - Books on Demand
12/14 rond-point des Champs Elysées
75008 Paris
Imprimé par BoD – Books on Demand, Norderstedt
*ISBN : 978-2-**3220-8433-3***
*Dépôt légal : **Octobre 2017***

Réédition : Mars 2021

Seklitova L.A., Strelnikova L.L., 2009.

«Pourquoi la Terre change».
La série «La magie de la perfection».

Ce livre dévoile le sens dissimulé des croyances populaires, les liens énergétiques de la planète avec l'être humain et la nature, il explique pourquoi la planète change de ses configurations externes.

Le lecteur apprendra les moments merveilleux du rapport de la naissance d'un enfant à l'espace et à quel point l'enfance de l'être humain sera modifiée dans l'avenir.

Le livre parle le lien de l'être humain, de la Terre et de l'univers avec le passé, le présent et l'avenir, il fait connaître à l'humain les univers où il n'y a pas d'étoiles, il explique en quoi les limites de l'évolution et de l'involution consistent. Il dévoile les mystères des morts des personnes éminentes, les particularités de la prise de conscience de son moi par l'humain et beaucoup d'autres choses.

Nous voyons souvent ce que nous voulons voir,
et à cause de cela nous ne voyons pas la vraie réalité.
(la sentence des sages).

Introduction

En analysant la perception des nouvelles informations qui est envoyée à l'humanité par les Supérieurs, ils ont conclu que le coefficient de vision du monde de l'humain moderne au début du 21ᵉ siècle a constitué seulement 5% de l'échelle courante de 100%, qu'il devait atteindre à la fin du passage des Niveaux du développement sur le plan terrien.

Un tel maigre chiffre certifie cet abîme-là qui sépare les concepts de l'humain de la véritable structure de la réalité qui existe. L'humain, comme un petit enfant, continue de vivre de l'illusion qu'il invente lui-même. D'où les problèmes de l'incompréhension des nouvelles informations et de sa complexité apparente. Certes, si l'humanité n'avait pas eu actuellement du retard dans son perfectionnement et si au lieu de 3-6% de développement de son propre appareil de pensée, elle développait les 50% qui lui sont supposés au bout de deux mille ans, elle n'aurait aucune difficulté à comprendre les choses nouvelles. Les chiffres 3-6% et 50% du développement du cerveau montrent cette différence-là du développement considérable que l'humain n'a pas pu atteindre étant donné qu'il ne choisissait pas ce qui fait avancer l'âme, mais plutôt les plaisirs du corps.

Cependant, une pareille attitude envers la vie favorise la formation incorrecte de ses conceptions du monde. En conséquence, il forme les idées erronées de la structure mondiale de l'univers, et des structures parallèles adjacentes. Mais comment est-ce qu'on pourra lui ouvrir les portes de l'existence éternelle s'il ne comprend pas en quoi elle consiste et sur quoi elle est fondée?

Les connaissances sont illimitées. Et tout ce qui commence, en se construisant correctement, continue de se développer infiniment. La force de la pensée est la clé du mouvement sur la voie interminable. C'est pourquoi l'humain doit réfléchir profondément à ce qu'il sait   et à quel domaine de la connaissance, il est nécessaire pour lui de corriger afin de prendre la piste de la compréhension des vraies lois de l'Univers de développement.

Alors le livre présent continue à faire apprendre au lecteur des nouvelles notions de l'univers en étendant sa conscience et en s'approchant de la compréhension des pensées des Maîtres Supérieurs.

Pour mieux comprendre les nouvelles connaissances, il est indispensable d'apprendre à les transférer dans les situations de la vie. C'est une règle de l'assimilation du nouveau. Lorsque la théorie commence à expliquer tout ce qui se passe autour, la conscience de l'humain crée dans sa vision du monde une vraie image du monde.

Chapitre 1
SENS DISSIMULÉ DES CROYANCES POPULAIRES

Depuis la nuit des temps, l'humain fait attention au lien entre l'action accompli et la suite de certains événements agréables ou désagréable pour l'humain. En systématisant ses observations il a créé pour soi toute une science (des présages et des croyances populaires), qui aidait ceux, privé de don de la clairvoyance à prévoir des situations futures ou les conséquences de ses actions quelconques.

On introduisait des croyances d'en Haut exprès au milieu des jeunes âmes pour leur apprendre à voir les conséquences de leurs actes et actions, pour habituer l'esprit à l'observation et pour contraindre à penser. Certaines croyances contribuent à la préservation de la santé de l'humain, d'autres avertissent de la possibilité des événements négatifs. Néanmoins ces croyances ont toujours une vraie cause intrinsèque précise qui est liée aux processus énergétiques de l'espace ou à nos Maîtres Supérieurs. Citons ici quelques-uns des présages et des croyances.

« Ne montre pas pendant la pleine lune le porte-monnaie vide à la lune, sinon il sera toujours vide ». Ce présage est lié à ce que les phases de la lune changent : la lune commence à décroître et on a lié ce fait à la diminution des flux énergétiques fonctionnant entre la Terre et la Lune.

En outre, la pleine lune influe sur l'état psychologique de l'humain en l'excitant, en altérant la perception habituelle de la réalité ce qui, à son tour, peut provoquer l'apparition des actes erronés de l'humain lesquels, évidemment, ne favoriseront pas le remplissage du porte-monnaie. L'humain agissant d'une manière inappropriée n'est pas capable de gagner beaucoup d'argent.

Pourtant, la Lune exerce une influence négative seulement sur les très jeunes âmes, tandis qu'elle a une influence moins nuisible sur celles qui ont atteint le moyen ou haut Niveau du développement. Au contraire, l'inspiration s'éveille en elles, et elles commencent à créer: à composer des vers, de la musique, à peindre. Donc, la Lune influait toujours sur l'humain de différentes façons, mais la cause de ces influences contraires était cachée dans les qualités de l'âme qu'une personne avait réussi à acquérir à ce moment-là.

Prenons un autre présage, pourquoi est-ce qu'il ne faut pas se serrer la main à travers le seuil de la porte?

D'habitude de bonnes relations ont déjà été formées avant, entre le maître de la maison et ceux qui lui rendent visite et à qui il tend la main, ce qui atteste l'attitude bienveillante envers des hôtes, par conséquent l'échange énergétique positif fonctionne entre eux.

La baie de la porte est une zone pathogène d'espace. La baie créée un rideau d'énergie d'une pièce à l'autre. N'importe quelle pièce a sa propre énergétique : l'énergie dans le salon n'est pas la même que l'énergie dans la cage d'escalier ou dans la rue. C'est pourquoi la baie de la porte est construite exprès en forme rectangulaire (et pas en cercle ni en ovale) afin de créer des délimitations énergétiques des volumes de l'espace, car cette configuration sur la représentation du plan est capable de séparer les types d'énergie d'une pièce de l'autre. La fonction de cette figure est la séparation due à la concentration particulière des énergies en soi.

Donc, lorsque les gens se trouve dans les zones énergétiques différentes (l'un est dans le salon et l'autre est dans la cage d'escalier) se tendent la main à travers le seuil, la configuration de la baie rompt leur énergétique commune. La liaison réciproque bienveillante entre eux qui a été établie avant est rompue. Cela entraîne la compréhension erronée des actes de l'un de l'autre, par conséquence ils peuvent commencer à se disputer. L'amitié peut prendre fin.

Recourons aux autres présages. Les personnes âgées avertissent souvent les jeunes: «Ne t'endors pas au lit au coucher du soleil, tu auras mal à la tête».

À ce moment-là, la balance de l'énergie entre la Terre et le Soleil change, les directions journalières des flux énergétiques se transforment pour les directions de nuit. Et pendant cette période, une telle réorganisation des flux énergétiques à l'intérieur de l'organisme de l'échange énergétique journalier en celui de nuit ne se passe pas chez une personne dormante, ce qui peut causer des troubles dans l'organisme par la suite.

Une personne en bonne santé peut ne pas le remarquer, pourtant ceux qui ont n'importe quels problèmes de santé se sentiront mal à l'aise après le réveil. C'est une autre chose quand elle se réveille le matin et son organisme prend les biorythmes du régime du jour. Bien qu'il s'agisse davantage d'un type de personne qui s'apparente à l'alouette que d'un type de hiboux. S'ils ont les biorythmes de la veillée différents, le premier type, les alouettes, se sentiront mieux le matin et le deuxième type, les hiboux, se sentiront mieux le soir. Cela est lié à ce que ces personnes n'ont pas la même structure subtile dont les fonctions interagissent différemment avec les énergies du Soleil le matin et le soir.

On dit que ça porte malheur de jeter ses ongles à la poubelle après les avoir coupés. Il y a longtemps, c'était d'usage chez les vieux croyants de garder les cheveux et les ongles jusqu'au dernier jour, car ils croyaient que dans l'autre monde, ils devraient rendre compte de chaque cheveu ou ongle perdu au Jugement dernier. Cependant, l'interprétation moderne de la présente tradition – de ne pas les jeter n'importe où – a déjà l'air différent.

Le fait de se jeter des ongles laisse présager chez une personne, avec la régularité de ces actions, une perte de coordination des mouvements dans la vieillesse. S'il éparpille les cheveux de la tête n'importe où, il pourra souffrir des maux de tête. De plus, le présage populaire affirme que si un oiseau emporte des cheveux de l'humain dans son nid, le mal de tête lui arrivera bientôt.

Les ongles, les cheveux portent l'énergétique de l'humain et ils gardent un certain temps le lien avec leur propriétaire.

Des recherches scientifiques ont confirmé qu'il existe une interrelation entre ces figures géométriques ainsi qu'entre le corps et sa partie. Par conséquent, si une telle partie pénètre dans la zone pathogène, alors elle transmettra un rayonnement négatif par elle-même à son propriétaire.

Avec l'accumulation d'un certain nombre de la charge négative, son potentiel commencera à exercer une influence négative sur l'organisme de l'humain, ce qui peut finalement aboutir à une maladie. La même chose se passe quand un cheveu se trouve dans le nid parce que d'habitude les oiseaux les font dans des lieux ayant l'énergétique négative. Alors, dans ce cas l'influence négative sera aussi exercée sur leur ancien propriétaire. Mais tout dépend du potentiel du lieu et de la capacité des cheveux ou des ongles à transmettre les ondes négatives. Si un individu est doué avec un potentiel haut de l'âme, on comprend qu'il a la protection énergétique forte et qu'aucune influence négative ne peut être exercée.

Néanmoins, si des ongles ou des cheveux se trouvent dans une zone neutre ou positive, un individu n'aura pas à s'inquiéter pour sa santé. Dans ce cas ils n'exerceront aucune influence négative sur le propriétaire. Beaucoup de choses dépendent du lieu où des cheveux ou des ongles se trouvent. Alors, bien sûr, les présages ne se réalisent pas pour tous, tout est individuel. Toutefois, puisque les gens ne comprennent pas encore les subtilités de l'influence des objets qui les entourent et des zones de la Terre sur leur organisme, les Maîtres Célestes introduisent des présages dans la vie quotidienne de l'humain afin, d'une part, d'attirer son attention sur ses actions et, d'autre part, de lui apprendre à prendre soin de sa santé en s'habituant à l'ordre.

Afin de ne pas provoquer des conséquences négatives, il est recommandé de brûler les cheveux ou de les jeter à l'eau avec les ongles. L'eau possède un potentiel énergétique puissant qui rompt le lien entre une partie et un organisme entier, c'est-à-dire entre un individu et ses éléments.

Si, par exemple, des animaux ou des oiseaux perdent des poils ou des plumes et ces derniers se trouvent dans des zones pathogènes, l'influence négative ne se répandra pas sur eux à cause de leur configuration particulière (de la structure subtile des oiseaux). Ils sont initialement formés de sorte que les sons qu'ils produisent rompent le lien établissant avec un lieu pathogène. Les mouvements brusques contribuent aussi à la rupture de ces liens. Il est également important que les oiseaux se situent à un niveau plus proche de la Terre et de son énergie, de sorte qu'il y ait une plus petite différence de potentiel entre eux et la Terre qui affecte négativement leur structure biologique. La biomasse animale utilise une gamme d'énergies plus faible que la biomasse humaine.

On a maintenant sur la Terre beaucoup d'endroits où a eu lieu l'enfouissement des déchets radioactifs. Bien qu'ils soient isolés de la terre par des scaphandres-containers protecteurs, mais tôt ou tard les émissions vont créent des zones défavorables. Des recherches montrent que dans trois ans déjà, ou même plus tôt, la radiation dans de tels lieux s'accroît 4-5 fois par rapport à la norme.

Si des cheveux ou des ongles se trouvent dans une zone pareille de radiation élevée, les ondes subtiles négatives commenceront à exercer systématiquement une influence sur le cœur, les poumons, le foie, le sang de leur propriétaire.

On peut prendre un autre présage - « Il ne faut pas dire des gros mots, sinon tu auras mal aux jambes ». Pourquoi est-ce qu'un lien pareil a été établi ?

Il se base aussi sur le travail avec des énergies. Les gros mots sont toujours construits sur le spectre des énergies très bas lesquels on range parmi la catégorie des « sales », c'est-à-dire superflus pour l'humain. Ce sont des énergies des bas mondes. C'est pourquoi lorsqu'un individu dit de gros mots, il produit un gros spectre des énergies, et selon les lois de leur distribution dans l'organisme du corps humain, elles se précipitent dans les jambes de l'individu. Les énergies normales vont dans le sol lors de leur cycle dans l'organisme de l'humain, tandis que les énergies sales se précipitent à l'intérieur des membres inférieurs en menant à l'obstruction des canaux énergétiques du corps physique. L'obstruction mène à l'accumulation des énergies de scories (c'est-à-dire incapables de fonctionner d'une façon normale en l'humain) dans les jambes ce qui provoque finalement des sensations douloureuses. Les jambes commencent à faire mal. Donc, le présent présage avertit l'humain de ces processus énergétiques que son comportement erroné peut provoquer.

Ou si on prend un tel présage, si « un orgelet » (un abcès à cause du froid - rhume) est apparu sur l'œil, on conseille de ficeler sur la main contraire à l'œil, deux doigts – l'annulaire et le majeur – avec un fil de laine de manière que le fil forme un huit. Et « l'orgelet » se résorbera plus vite.

Beaucoup de personnes croient que c'est une superstition futile. Cependant, il y a une explication énergétique à cela. Le fil de laine porte en lui l'énergie physique de l'animal assez puissante pour influer sur l'humain. (Les animaux en bonne santé possèdent un champ énergétique fort formé par les énergies du plan physique). En ficelant les doigts avec le fil, ceci ferme les canaux énergétiques qui coulent dans les doigts de l'individu et l'énergie retourne à l'organe malade – l'œil. L'énergie supplémentaire de qualité particulière contribue à la guérison rapide.

Dans le même cas, dans le cas de l'orgelet (orge sur les yeux) la deuxième méthode de traitement est également appliquée : une autre personne fait la figue geste à l'œil malade et dit: « Orgelet-orgelet –

figue, que vas-tu t'acheter. Je vais m'acheter une hache, je vais me couper » (la formule magique contre un orgelet).

Dans la deuxième méthode, on utilise deux moyens pour influer sur la partie enflammée : l'énergie de l'autre personne est concentrée d'une façon particulière dans l'entrelacement des doigts lorsqu'ils sont repliés, tandis que le pouce se trouve entre eux et dirige le flux énergétique général vers l'œil malade.

Les différents doigts ne véhiculent pas la même qualité d'énergie, c'est-à-dire leur combinaison qualitative spéciale et la concentration dans un seul doigt, permet d'exercer une influence énergétique particulière sur l'endroit malade. Le potentiel de la pathogène de l'endroit affecté est étouffé par l'énergie d'une personne en bonne santé. Les mots de la formule magique construits d'une manière énergétique particulière, à leurs tours, donnent aussi au guérisseur de l'énergie complémentaire qui est également dirigée sur l'endroit malade. De nombreuses formules magiques sont construites de sorte à renforcer le pouvoir curatif de l'humain en les prononçant.

Certains présages gardent secret en eux le lien dissimulé de l'humain avec le Monde Suprême. Par exemple, on dit : « L'oreille droite siffle – une bonne mention, l'oreille gauche siffle – une mauvaise mention ». Les gens pensent que cela fait référence au fait que quelqu'un de la connaissance de cette personne, la grondant derrière les yeux ou la loue. Pourtant, malheureusement l'humain n'a pas encore une telle sensibilité pour pouvoir ressentir quelqu'un à distance.

Tout est lié à la structure subtile de l'individu et au travail de son Maître Céleste avec lui. Lorsqu'un pupille (élève) entend siffler de l'oreille gauche, cela signifie que le Maître vérifie l'état de sa santé, c'est-à-dire l'enveloppe physique. Il en relève certains indices énergétiques. Cette vérification peut s'effectuer quand on voit une indisposition dans l'organisme du pupille qui peut provoquer une série de conséquences indésirables.

La vérification peut également s'effectuer au cas où le pupille devra passer par une certaine épreuve sous forme de situations de vie compliquées ou tragiques, c'est pourquoi le Maître compare – à quel point son état physique et psychologique est apte à supporter la participation aux situations. S'il s'avère que quelque chose n'est pas en bon état, le Maître Céleste est obligé de rétablir la santé de son pupille en tutelle jusqu'au moment de sa participation aux situations. En conséquence, dans tous les cas le sifflement dans l'oreille gauche est un mauvais signe : soit sa santé est affectée, soit il aura à passer par des situations de vie difficiles.

Si le pupille entend siffler dans l'oreille droite, la vérification du lien de la personne avec le monde subtil est accomplie, notamment avec le Niveau plus haut des Personnalités Supérieures qui se préparent à transmettre à cette personne une certaine nouvelle idée, une information, une nouvelle découverte. Ce qui est toujours un fait positif pour l'humain.

Un autre présage – « Il ne faut pas manger en se mirant, - tu avaleras ta propre beauté ».

Le miroir renferme plusieurs énigmes. Il porte le lien avec le monde subtil, plus bas que le nôtre, qui existe en parallèle. Le miroir est l'intermédiaire du monde subtil au monde physique et inversement. Par conséquent, quand quelqu'un s'assoit pour manger devant un miroir, par l'odeur de la nourriture, il peut attirer les essences du monde subtil, qui, étant invisibles pour la personne, traversent librement la frontière des mondes et peuvent pénétrer dans son enveloppe subtile pour commencer à en aspirer son énergie.

Néanmoins, si les essences du monde parallèle ne se trouvent pas à proximité, alors la personne, face au miroir, engloutit en même temps que la nourriture, les énergies de l'autre monde pour lesquelles n'ont pas été construit pour elle-même. De ce fait, ces énergies basses commenceront à exercer des influences destructives dans son organisme à force de quoi, fatalement, sa beauté physique sera considérablement endommagée.

Les présages et les croyances sont liés aux processus les plus variés qui se passent entre l'humain et le monde environnant et qui touchent aussi d'autres facettes de la vie. Par exemple, on conseille de « ne pas se mettre en route le lundi, sinon le voyage sera raté ».

Le présent avertissement est lié à l'état psychologique des individus. Après des jours de congé, lorsqu'un individu se trouve dans un aspect détendu ou positif de son existence le premier jour suivant, les facteurs psychophysiques sont ajustés à un environnement agressif d'interactions avec la réalité environnante d'un autre monde, actif et souvent agressif. Le réajustement a lieu presque toute la journée. La première moitié de la journée est particulièrement dangereuse, ce n'est que le soir que l'individu se dispose à d'autres actions. C'est pour cette raison que l'humain est parfois inattentif durant cette réorganisation et peut très bien avoir un accident.

On n'a pas encore parlé des facteurs négatifs d'être un individu lorsqu'il passe le week-end avec la bouteille de vodka à la main, ce qui laisse une empreinte particulièrement négative sur sa réaction sur la route. Donc, l'avertissement s'avère assez opportun pour un grand nombre de personnes.

Un avertissement intéressant est dans le présage suivant : « Si on met les pieds sur les traces de quelqu'un d'autre, ça va faire mal à nos jambes».

Nous savons que c'est par les jambes de l'être humain, il y a toujours une décharge d'énergie résiduelle dans le sol, dans la terre. Donc, si ce sont les traces d'un individu malade, il laisse l'énergie morbide qui, en tombant sur les pieds d'une autre personne et en s'accumulant, peut provoquer des sentiments douloureux. Les jambes vont vraiment faire mal.

Toutefois, cette condition peut ne pas être remplie si une personne ayant un potentiel énergétique plus élevé que le premier suivra la piste. Le potentiel plus grand va se crée une protection. Les jambes ne perçoivent pas l'énergie du potentiel bas. C'est pourquoi, il est si important d'accumuler un potentiel puissant.

Les humains ont beaucoup de signes liés aux phénomènes météorologiques. Les phénomènes leur apprennent à être attentif et prédire la météo pour éviter une tempête ou un givre qui menacent la vie.

Donc, quand le chat cache son nez sous ses pattes, il annonce que le gel ou le mauvais temps arrive. Le chien se couche sur la neige – il y aura encore de la neige. Les oiseaux d'intérieur sont silencieux, alors il ne fera pas chaud pendant une longue période. Si les moineaux recueillent des plumes et duvets, donc, les prochains jours seront très froids. Quand un corbeau marche le long de la route, il fera chaud.

Tous ces signes sont basés sur l'étude du comportement des animaux et des oiseaux qui sont plus sensibles aux variations atmosphériques. Ils sont construits en mode natif afin de sentir le moindre changement dans la météo pour avoir le temps de s'adapter aux phénomènes et de pouvoir se mettre à l'abri.

Les humains ont des vêtements et une maison chaleureuse, il est donc plus facile de mettre à l'abri des intempéries, les animaux ressentent les facteurs environnementaux négatifs plus tôt que les humains pour se sauver.

Cependant, il ne faut pas oublier les signes (messages) associés aux phénomènes célestes. Donc, quand l'hiver il y a peu d'étoiles dans le ciel, c'est qu'il va faire mauvais temps, ou quand les étoiles brillent de couleurs vives, - il va se geler. Si la lune est blanche éclatante, il va faire froid, ou quand la lune est rouge, il faut s'attendre à du vent le matin ou à de la chaleur. Un anneau rouge autour de la lune signifie une forte givre.

De tels signes développent l'observation chez une personne, ils aident aussi à prendre des mesures en avance pour se sauver. Pourquoi, par exemple, partir pour un long voyage, si le soleil était rouge dans la soirée, cela présage une tempête. Il y aura de gros ennuis durant ce voyage.

De plus, si le soleil se lève en colonne le matin, c'est qu'il y aura une tempête de neige, un vent fort qui a déjà soulevé des nuages de neige dans l'Est, et donc le soleil dans cette poussière monte en colonne, et la poussière qui rampe dans les couches inférieures de l'atmosphère absorbe les rayons du soleil.

Ainsi que quand le coucher du soleil est pourpre, il faut s'attendre à un vent fort. Alors, de tels signes, avertissent les humains, des dangers et développent les qualités qui aident les humains à mieux naviguer dans l'environnement et survivre.

Par conséquent, l'humain n'invente pas tout ça lui-même, les signes, comme beaucoup d'autres messages, idées et cetera sont envoyés d'en Haut, des Hiérarchies Supérieures. Parfois, les Enseignants Suprêmes dirigent leurs pupilles dans des situations difficile de la vie pour qu'ils apprennent à observer ce qui se passe dans le monde et pouvoir prévoir les conséquences de ces changements météorologiques.

ENFANTS

L'humain a toujours cru que les enfants sont donnés pour la poursuite de sa famille pour avoir quelqu'un qui prendra soin de lui

durant sa vieillesse et pour ne pas s'ennuyer dans la vie de tous les jours. C'est certainement vrai. Mais il y a d'autres raisons de leur apparition dans l'environnement terrestre. (De nombreux autres mondes extraterrestres n'ont pas d'enfants).

Du point de vue cosmique, les enfants sont donnés à l'humain pour la reproduction du corps matériel et l'incarnation de l'âme.

En outre, ils lui sont donnés pour les éduquer. L'humain doit apprendre à prendre soin de l'autre, de prendre soin du plus faible que lui qui a besoin de la garde de quelqu'un d'autre. L'humain, en prenant soin de lui, apprend à aimer, développer les qualités de devoir, de loyauté, la fidélité, la tendresse, la bonté, la conscience, en tant que défenseur des intérêts des autres et bien plus encore. Tout cela ce sont des moments d'apprentissage. En prenant soin d'une autre personne, l'humain élève son âme.

Grâce aux bonnes attitudes des parents envers les enfants, les enfants développent toute une gamme de qualités positives. Même l'âme négative qui appartient à la Hiérarchie négative, est capable d'obtenir ces qualités positives. Après tout, l'âme trinitaire a une partie positive que, lors du séjour sur la Terre, l'individu négatif doit remplir d'une énergie positive pour maintenir les schémas de développement de l'âme. Cependant, il accumule par l'éducation des enfants moins de qualités positives que le représentant du Système positif mais il y a toujours cet effet positif. Par la qualité de la parentalité, l'humain accumule la qualité de devoir, du soin sur celui qui est d'un Niveau plus bas et de la protection.

Si les citoyens étaient éduqués en dehors de la famille, alors il n'aurait pas été possible d'accumuler certaines de ces qualités familiales. Autrement dit, il y a besoin de certaines situations de vie et de certaines attitudes des gens. Sans famille - cellule et fondation de la société, il est impossible d'accumuler autant de qualités positives. Un enfant est introduit dans la famille spécifiquement dans le but d'accumuler par son éducation des qualités requises pour la construction de son âme à ce Niveau de développement humain.

Bien qu'il soit nécessaire de préciser que la famille englobe, par ses aspects éducatifs, tous les niveaux de l'homme existant actuellement sur la Terre, c'est-à-dire que sa conception est si parfaite qu'elle permet à l'âme humaine d'accumuler un certain nombre de qualités remarquables du plan terrestre, y compris plusieurs niveaux d'amour, de relations économes et psychologiques, ainsi que le développement des capacités créatives. Par conséquent, un petit enfant a été délibérément introduit dans la famille par les Suprêmes comme un lien entre l'homme et la femme.

Après tout, les Supérieurs pourraient tout à fait inventer comment installer l'âme immédiatement dans une structure humaine adulte, il y en a de telles planètes dans notre univers. Là où, l'âme apparaît directement dans une forme adulte et, après une courte période d'adaptation aux nouvelles conditions, elle se connecte à la vie réelle. Cette forme adulte est créée en laboratoire de différentes manières : par voie végétative, par bourgeonnement, par fusion des masses de deux individus, obsolètes pour une existence donnée, etc. Tout cela renvoie à l'organisation de la vie chez d'autres êtres en l'absence de famille.

Sur Terre, tout est construit d'une manière différente selon Dieu. Par conséquent, l'âme s'incarne dans le corps physique d'un bébé, et cela a des avantages dans l'accumulation des types d'énergie terrestres de la matrice.

L'âme de l'enfant vient parfois dans les couches de la Terre avant sa naissance pour s'accommoder à ses futurs parents. La connexion verbale s'établit entre l'âme de l'enfant et les parents (nous parlons d'une famille normale qui fait tout selon la loi). Le lien d'énergie entre les trois âmes est installé, se forme le champ de la famille et son égrégore globale.

L'incarnation de l'âme de l'enfant dans le corps est généralement préparée durant trois jours. Mais il y a toujours un fait d'individualité et une approche de l'âme qui apporte de la diversité à tout processus. Par conséquent, certaines âmes peuvent s'incarner dans le corps, une semaine avant que le bébé naisse, certaines âmes au moment-même de la naissance. Comment la réunion de l'âme et du corps physique est effectuée, ce sont les Supérieurs engagés qui déterminent dans ces processus.

L'âme pour l'incarnation est préparée d'une certaine façon, le corps séparément, mais toujours en fonction de son énergopotentiel. Le programme de vie pour l'âme est construit selon la suite de ses progrès qui avait commencé durant ses vies antérieures. On implante aussi les processus à construire de nouvelles qualités de celui-ci ou du prochain

Niveau du développement. Le corps matériel de l'enfant doit être en conformité avec l'énergopotentiel de l'âme qui s'incarne en lui. S'ils ne sont pas en conformités, il y aura beaucoup de problèmes de développement.

Ainsi, lorsque l'âme a un plus grand potentiel que le potentiel de la matière biologique du bébé formé (leurs potentiels ne sont pas égaux, il y a un certain ratio), alors une telle âme cherchera à sortir hors du corps ou elle aura un certain nombre de maladies graves, car son puissant potentiel étouffe le potentiel des cellules d'organes. Un tel enfant depuis sa naissance peut être très malade (qui est parfois observé chez des personnalités exceptionnelles). Par exemple, Charles Darwin était un enfant malade en raison du déséquilibre des potentiels entre la matière et la puissance de son âme, son Maître céleste a dû, alors, le corriger pour ramener sa structure physique à la normale.

Pour cette raison, la performance physique et énergétique des futurs parents est toujours vérifiée ainsi que leur conformité à l'âme de leur futur enfant.

Pendant la formation du corps physique d'un bébé dans le ventre de sa mère il est connecté au rythme de l'univers. À partir de 4,5 mois, le cœur de l'enfant commence à battre, à savoir, c'est l'inclusion dans l'opération initiale. Mais le cœur doit battre en conformité avec le rythme de l'espace général de notre univers. Le battement est aussi le reflet du rythme de l'univers. Si une telle connexion ne s'effectue pas pour une raison quelconque, l'enfant meurt dans le ventre ou à la naissance. C'est l'une des raisons des décès précoces des bébés.

Dans la formation du corps de l'enfant, on prend également en compte l'énergie de liaison primaire au lieu de naissance. Le futur humain est créé pour travailler dans un endroit particulier sur la Terre, de sorte que son corps physique est formé de la gamme d'énergie de la région correspondante de la Terre.

En outre, il existe aussi un lien d'énergie avec les planètes du système Solaire au moment de la naissance. Le programme de l'humain inclut le mécanisme d'échange d'énergie avec les planètes correspondantes et de travailler avec ces types d'énergies qui correspondent à son Niveau du développement et aux qualités accumulées dans son âme. Après tout, chaque planète a une vaste gamme d'énergies de son type, et l'individu bas en reçoit un spectre de l'énergie faible, l'individu moyen, la partie moyenne du spectre d'énergie, et l'individu haut - la haute gamme de l'énergie.

Chaque personne travaille avec son propre spectre d'énergies, selon le développement individuel. Et donc, dans les limites d'un Niveau, leurs énergies sont différentes, mais lorsque la limite supérieure de ce Niveau est atteinte, la gamme générale des énergies utilisées pour le développement de l'âme sera alignée, bien que, du fait de leur variabilité, la diversité qualitative des âmes sera préservée. Après tout, à tout niveau, il existe un ensemble strictement défini de qualités qu'une âme peut construire en elle-même sur la base de la gamme d'énergies donnée.

La connexion de l'enfant à un système planétaire permet au corps d'interagir avec le système planétaire (système Solaire) de manière strictement spécifique et de participer à la transformation de ces énergies qui sont calculées dans son programme de vie.

Dès le moment de la naissance, un enfant, comme notre Terre entière, se trouve dans un champ énergétique unifié des planètes du système Solaire et du Soleil lui-même. Le champ unique de ce système planétaire forme ensemble l'énergie qui affecte l'être humain dès le premier moment de sa vie, c'est-à-dire qu'elle est comme imprimé sur la subtile enveloppe externe de l'enfant et porte cette empreinte tout au long de sa vie.. À cet égard, l'enfant est sa substance énergétique et répond pleinement aux champs d'énergie qui étaient dans l'univers au moment de sa naissance.

Au moment de son apparition dans notre monde, l'enfant reçoit l'énergie d'une certaine composition de la constellation sous lesquels il est né, sur lesquels le Soleil s'est projeté au moment de sa naissance. D'ici provient la relation humaine avec les signes du Zodiaque.

Le soleil est l'étoile du premier plan qui a un impact important sur les gens. L'énergie solaire ajoutée d'une certaine manière à l'énergie de la constellation (Poissons, Bélier, Taureau, Balance, Lion, etc.) sous laquelle l'enfant est né, est imprimée sur lui, et il obtient une qualité particulière. C'est pourquoi l'astrologie accorde une grande attention aux signes du zodiaque dans lesquels se trouve le soleil au moment de la naissance de l'enfant. Cela forme certains cycles et biorythmes de la vie quotidienne. Il y a ensuite, les cycles lunaires avec une période de 29,5 jours, les cycles solaires avec une période de 365, 25 jours et les cycles des planètes avec des périodes correspondant à leur rotation autour du soleil qui s'impriment sur eux. L'énergie totale qu'ils dégagent donne une image fidèle de l'influence sur l'humain tout au long de sa vie des planètes, des étoiles et du Soleil. L'influence consiste en l'échange d'énergie d'énergies entre eux, ce qui donne un certain résultat.

Donc, nous voyons que le processus d'énergie reliant à l'apparition de l'âme dans le monde matériel est complexe. Pour l'univers, ce corps est une microparticule. Mais notre connaissance des processus qui se passent en lui, nous permet de comprendre la complexité de notre planète et l'univers. L'humain est complexe, tout le reste est encore plus complexe.

Les enfants de différentes races et nations, étant connectés aux mêmes planètes, vont travailler avec des spectres d'énergie différents, même s'ils sont nés le même jour au même endroit sur Terre (dans le même hôpital). Cela est dû à leur construction subtile qui dépend des nations et des races, ainsi qu'avec l'ensemble de qualités spécifiques dans leurs matrices et la subordination de ces âmes aux diverses Systèmes hiérarchiques de Dieu.

Un enfant est en contact avec l'espace dès sa naissance car il y a un ajustement à sa relation avec le Maître Céleste. Quand il entend un son dans une oreille ou l'autre, c'est son Maître céleste qui travaille avec lui. Il fait un travail sur l'inclusion cohérente des structures pertinentes. Par exemple, en un an ou deux ans chez certains enfants, la matrice du mot commence à fonctionner ; en cinq ans c'est l'anneau d'impulsion ou le centre-cerveau située au-dessus de la tête de l'enfant. situé autour des hanches d'une personne, s'allume et force le corps à se mettre au diapason de l'âge adulte.

Le programme créatif s'active plus souvent en 10 ans mais les âmes avancées qui ont une grande mission spécifique sur la Terre le font plus tôt (en 4-5 ans, parfois en 3 trois ans). Donc en général, les enveloppes subtiles commencent à travailler immédiatement au premier jour de la naissance, mais pas pour tout le monde. Le Niveau du développement influence sur leur activation. Ainsi, certains processus chez certains enfants peuvent être activés plus tôt ou plus tard.

On peut dire que selon le respect de la conduite générale des processus d'implantation de l'âme dans la vie et de la connecter au monde, tout se passe individuellement et possède son propre type. Par exemple, un point très important est l'activation de l'anneau d'impulsion situé au-dessus de la tête de l'enfant. L'anneau d'impulsion, autrement connu comme le centre-cerveau, est la relation avec le Maître Céleste pour obtenir des informations et pour effectuer d'autres fonctions liées à cet anneau.

Si l'anneau d'impulsion n'est pas activé ou incorporé correctement, l'enfant sera retiré de la vie, il meurt subitement. Cela peut arriver jusqu'à l'âge de 5-6 ans. Jusqu'à un ou deux ans meurent les enfants qui ont des défauts dans d'autres structures délicates, ainsi que les âmes karmiques.

Les enfants jusqu'à 6 ans ont une perception fine du monde, afin que les parents puissent souvent les entendre parler des entités qu'ils voient la nuit et entrent en contact avec eux. Parfois, ils peuvent avoir la mémoire des vies passées ouverte, afin qu'ils puissent se souvenir des choses étonnantes, les adultes le considèrent comme l'étrangeté de l'enfance. Mais les parents doivent comprendre leur enfant et savoir d'où et qui peut apparaître dans son discours ou sa mémoire. La connaissance des subtilités du comportement de l'enfant aide les parents à faire le lien correctement, dans un laps de temps, de la vision du passé avec le présent.

Les enfants deviennent étranges parce que les processus naturels qui sont au-delà de la connaissance des adultes, parents ou psychiatres sont pris pour une anomalie. Pour l'enfant c'est difficile de lier les souvenirs du passé ou les visions du monde subtil au présent avec la réalité physique qui est disponible uniquement aux adultes. Ils ont besoin d'aide, de la connaissance du monde subtil et de la réincarnation. Seule la connaissance des caractéristiques du développement de l'enfant permet de l'accompagner. Avec ceci, il n'y aurait pas d'enfants étranges, et beaucoup éviteront les rendez-vous avec le psychiatre. Dès l'âge de 6 ans, la perception du monde subtil disparait. Les enfants ne voient plus les entités du plan subtil.

Certaines personnes affirment que les enfants naissent angéliquement pures et qu'alors seulement ils collectent la saleté d'une vie de péché. Cependant, nos nouvelles connaissances nous permettent de comprendre que, premièrement, il y a beaucoup d'âmes karmiques qui ont péchés dans leurs vies antérieures, ont fait beaucoup d'erreurs et maintenant elles doivent payer pour cela. Et cela suggère qu'ils ne sont pas du tout angéliquement purs. Ils sont pécheurs, mais leurs péchés proviennent des vies antérieures.

Deuxièmement, il y a des âmes basses qui viennent en incarnation depuis la Hiérarchie animale, donc en apportant de l'énergie brute du monde animal d'agression et de colère. Elles ne sont pas aussi pures. Ces âmes peuvent devenir tueuses, oppressives et injustes. Il faut de grands efforts pour les diriger sur le chemin de la bonté et de la justice. Mais ce chemin se fait à travers la souffrance et la privation. Seulement de cette façon martyre se produit le traitement des énergies basses du plan animal en plus hautes qualités de l'âme d'une personne merveilleuse. Il faut longtemps travailler sur cette âme pour l'élever de bas instincts vers l'être humain divin, noble et affectueux.

L'influence est particulièrement forte, sur de telles jeunes âmes, des forces obscures et des êtres négatifs du plan subtil. Leur impact sur l'enfant commence à la naissance, là où, les parents ne sont pas suffisamment vigilants et donc, de ne pas être en mesure de protéger leur enfant avec les connaissances, les rituels, leur propre énergie et d'autres moyens, en donnant les pratiques ésotériques. Ça peut même être la possession, l'immisce dans le corps subtil des parasites énergétiques. Par conséquent, la lutte pour l'âme commence dès la naissance de l'enfant. Si Dieu vous a envoyé un enfant, vous devenez son principal gardien et protecteur, vous serez responsable de lui devant les Juges et les Suprêmes.

Troisièmement, il ne faut pas oublier que l'évolution de l'âme se sépare en positif et négatif. La première appartient à Dieu, la deuxième au Diable. Ces âmes se développent de façon opposée et dans des qualités différentes, mais sont sur le monde en même temps. Souvent les gens ont des enfants du Système négatif, afin qu'ils se plaignent que l'enfant ne veut pas écouter, ne fait que ce dont il a besoin, ensuite il y a des violations graves, des infractions, des mensonges, etc. Il est fort possible que quelqu'un ait un enfant qui dans une vie antérieure était un bourreau ou un propriétaire d'esclaves. Et de cela découle un comportement cruel et capricieux. Comment pouvons-nous parler de sa pureté ?

Ainsi, la présence des âmes agressives du monde animal, des âmes karmiques et ceux appartenant au Système négatif, ne nous permet pas d'utiliser une telle comparaison « Pur comme un bébé ». Il faut comprendre les subtilités.

Mais la présence de ces âmes dans la famille démontre en même temps que les âmes basses ou négatives ne sont pas séparées des âmes positives. Tout évolue et se développe, l'humain est obligé d'apprendre à communiquer correctement avec tout type d'âmes. En outre, ses tâches (devoirs) consistent à leur fournir une éducation correcte, à promouvoir le développement de diverses qualités utiles à la société et à leur apprendre à interagir pacifiquement avec d'autres membres de la société. Les personnalités supérieures négatives ont un certain nombre de grandes qualités : responsabilité dans leur travail, sens du devoir, sont en mesure de respecter les cadres supérieurs, ont une haute conscience, la soif de nouvelles connaissances, le désir de gagner et d'atteindre les objectifs, etc.

Il ne faut pas confondre les individus supérieurs négatifs avec les âmes basses positives qui ne sont pas encore jointes à un des systèmes Hiérarchiques : positif ou négatif. Ce sont de jeunes âmes inexpérimentées qui commettent souvent des actes violents, irresponsables et qui ne sont pas encore capables d'aucune bonne action (les dix premiers niveaux de la Hiérarchie humaine).

 En parlant des enfants, nous ne devons pas oublier les enfans prodigues et, comme on les appelle maintenant, les enfants indigo. À la fin du 20ème siècle et au début du 21éme, il y avait beaucoup d'enfants indigo. On a même commencé à les intercepter et les séparer des autres enfants pour les envoyer dans des écoles spéciaux pour former ces enfants superintellectuels aux échelons supérieurs du pouvoir, à la science et au progrès rapide de la société. Mais qui sont ces enfants indigo?

Ce sont des échantillons expérimentaux des représentants de la future sixième race.

Qu'est-ce que cela signifie ? Comment comprendre le mot « modèles expérimentaux » ?

Les Supérieurs ne sont pas au même endroit dans leurs projets créatifs. Ils créent constamment, inventent de nouvelles structures en améliorant l'ancien, sinon ils deviennent rapidement obsolètes. Comme les Maîtres Suprêmes nous ont expliqué, en analysant le développement de notre cinquième race, ils sont venus à la conclusion que l'humain utilise très peu son enfance pour améliorer son âme. Quatre-vingts pour cent des âmes des enfants vivent l'enfance en vain sans accumuler des qualités positives.

Le sport produit très peu d'énergie haute. Le sport protège des influences négatives, développe le corps physique mais l'âme n'accumule que très peu d'énergies. Donc, les Supérieurs sont mécontents du fait que jusqu'à l'âge de 15 ans l'humain perd du temps de vie. Pourtant, pour ces 15 ans les Supérieurs donnent beaucoup d'énergie. Par conséquent, dans la sixième race ils ont décidé d'entrer

 dans les âmes le programme de développement accéléré. C'est-à-dire que l'enfance durera seulement 2-3 ans. C'est le seul moment où l'âme est autorisée à ne rien faire, même si durant cette période elle développe intensivement le contrôle du corps matériel et du language qui, également, évolue toujours. Par conséquent, après être morte dans une vie antérieure et être revenue à une nouvelle vie dans 20 ans, l'âme devra à nouveau maîtriser de nouveaux concepts et un nouveau vocabulaire de la parole.

Les générations évoluent, la parole évolue en ajoutant de nouveaux mots et phrases. Dans la sixième race l'âme doit tout maîtriser jusqu'à trois ans. Puis s'active le programme correspondant au développement de l'âge de quatorze ans actuellement, lorsque l'enfant commence à se fixer des objectifs et à les atteindre. Il devient conscient et apprend qui est pour quoi. Il cherche à apprendre autant de nouvelles connaissances que possible, obtenir certaines capacités, compétences, etc. Dans la sixième race l'enfant commence à le faire à l'âge de trois ans.

Pour que ces programmes fonctionnent à la sixième race, les Supérieurs ont commencé leurs expériences à la fin de la cinquième race, donc nous avons vu l'émergence des enfants prodigues et des enfants indigo. Si les premiers sont distingués par l'intelligence, les deuxièmes ont parfois même des capacités, telles que la clairvoyance, la prévision, la possession de l'hypnose, la guérison psychique et d'autres pouvoirs psychiques. Ces enfants de trois ans peuvent déjà jouer du piano, écrire de la poésie et parler sur des sujets philosophiques. Tout le monde affirme que ce sont des enfants extraordinaires. En fait, Ce sont des représentants ordinaires de la sixième race qui sont beaucoup plus élevés dans le développement que des représentants de la cinquième race qui n'ont pas encore complété leur stade du développement. Mais chaque individu de la cinquième race qui cherche à s'améliorer, aura aussi des capabilités similaires dans le temps, sera éventuellement un humain indigo. Il n'y a donc rien de spécial à leur sujet. Tout cela est naturel pour un Niveau plus haut. En général, toutes les propriétés de l'humain futuriste semblent surhumaines. Mais quand il suivra soigneusement et systématiquement le chemin de la perfection, il va se transformer en un surhumain. Tout est une question de temps et de diligence.

Sur les enfants indigo, le programme du développement accéléré de l'humain futuriste de la nouvelle race d'or de l'humanité, qui comprendra les meilleurs représentants de la cinquième race après que beaucoup d'entre eux auront terminé leur stade de développement, est pratiqué sur les enfants-indigos. Les enfants indigo ont tous un plus haut niveau de compréhension que les autres car ce sont des vieilles âmes qui ont vécu beaucoup d'incarnations, acquis beaucoup d'expérience et talent, certaines qualités ont un volume important sur les concepts dans la matrice des Concepts.

Dans la sixième race, les enfants doivent à un âge précoce continuer à développer un certain nombre de capacités, talents et le programme du développement intellectuel est accéléré pour éliminer l'arriéré dans le développement de l'humanité, qui s'est produit au tournant du changement des époques. Les enfants indigo ont deux programmes: la créativité et le développement intellectuel qui sont à élaborer et à améliorer. Notre contemporain a vu de nombreuses qualités merveilleuses que peut avoir l'âme.

Les enfants indigo prennent un excellent départ dans leur développement, devançant les autres enfants et se démarquant clairement de leur développement médiocre. Mais cependant, ils n'ont pas obtenu ce que la société attendait d'eux. Ils ne sont pas devenus de grands scientifiques ou inventeurs, des artistes talentueux qui ont créé un nouveau style de peinture, des prédicteurs comme Wolf Messing n'ont pas fonctionné. Ils sont en quelque sorte perdus à l'âge adulte. Pourquoi cela s'est-il produit et ils n'ont pas été à la hauteur des espoirs de leurs parents ou de ceux qui recherchaient des talents?

La raison réside dans le fait que le but de leur programme était d'élaborer un programme de l'enfance jusqu'à 14 ans… seulement. La vie adulte des enfants indigo n'est pas intéressante pour les Supérieurs. Par conséquent, ces enfants expérimentaux ont montré des capacités extraordinaires et puis se sont perdus dans la vie quotidienne, devenus d'ordinaires ingénieurs ou employés. Pas de découvertes, pas d'inventions. Ils ont pratiqué le programme de l'enfance dans lequel les enfants de la sixième race vont évoluer.

Ce sont les représentants habituels de la cinquième race qui ont fait les découvertes et les inventions à leur niveau de compréhension matérialiste.

Cependant, l'introduction d'âmes hautement développées dans le couches de la population a également eu un impact positif sur les jeunes âmes. À la fin du 20e siècle, de nombreuses âmes ont été lancées dans la vie, travaillant sur le karma passé, et de nombreuses bonnes âmes ont été temporairement retenues dans le plan subtil. Les jeunes âmes devaient travailler avec de nombreuses qualités, et certaines ont reçu la vie comme une dernière chance, leur permettant de faire leurs preuves du côté positif, de sorte que lorsque les âmes étaient divisées selon des systèmes oppositionnels, il serait clair qui envoyer pour un développement ou un décodage (destruction). C'est-à-dire que depuis 1980, le lancement des âmes de bas niveau a commencé, de sorte que dans la société, toutes sortes de perversions, d'orientation vers des objectifs bas, de poursuite de plaisirs et de traitements cruels de leur propre espèce ont commencé.

parmi une telle catégorie d'individus faibles d'autres âmes aux capacités inhabituelles était d'une grande valeur éducative: les capacités inhabituelles servaient d'exemple de la possibilité pour toute personne de développer des capacités similaires en son sein. Par conséquent, certaines jeunes âmes se sont précipitées sur le chemin de l'étude, ont commencé à s'engager activement dans toutes sortes de pratiques orientales et autres, ce qui a été déjà leur entrée dans une voie positive de développement. Alors les avantages d'être des enfants indigo dans la société sont donc toujours là.

La cinquième race termine son cycle de développement. Et dans ce contexte, de nombreuses âmes affinent certaines qualités. À ces fins, des mesures éducatives strictes sont utilisées. Par exemple, l'enfance est caractérisée par la tendance actuelle des enfants abandonnés. Dans notre pays, il y a beaucoup d'enfants qui n'ont pas de parents, la plus grande partie d'entre eux n'ont qu'un seul parent. C'est une famille défectueuse qui affecte le monde de l'enfant. Mais plus tôt dans la période de l'épanouissement de la cinquième race, cette situation avait une forme de punition karmique pour le fait que dans des vies passées ils ont jeté leurs enfants.

Au cours de l'achèvement de la cinquième race pour ces situations quand les enfants n'ont pas de parents, portent des fonctionnalités supplémentaires. Ils sont les suivants :

1) Bien sûr, pour certains orphelins, c'est leur karma.

2) pour d'autres orphelins, ils sont laissés sans un ou deux parents pour modifier leur compréhension du monde, pour les faire sentir le

monde du point de vue opposé en tant que réfraction de leurs propres points de vue sur la vie, qui a été acquis durant plusieurs vies antérieures, mais ce n'est pas une punition pour le passé.

Que pouvons-nous souhaiter pour ceux qui veulent entrer dans la race d'or mais pas dans les mondes bas ni être décodé ? Il est difficile de trouver quelque chose de nouveau dans ces ambitions, ils sont vieux : étudier consciencieusement, travailler, accumuler dans l'âme la bonté, l'amour, la droiture.

Quand Dieu donne à une personne beaucoup d'argent, ce n'est pas pour qu'il plonge dans les plaisirs et biens matériels mais c'est dans le but de les transmettre aux autres. L'argent va toujours d'une main à l'autre. C'est là que réside la nuance de leur distribution. Les gens croient aussi que Dieu leur envoie beaucoup d'argent pour leur bon travail comme une récompense pour leur travail acharné, mais l'argent c'est toujours une tentation. Selon la façon dont les gens dépensent l'argent, soit ils se créent un karma soit ils dégradent sur la voie du Système négatif. Dieu ne donne jamais d'argent supplémentaire : l'argent supplémentaire appartient toujours à d'autres personnes, c'est-à-dire qu'il est approprié par la personne donnée.

Tout cela est depuis longtemps bien connu de l'humain mais il l'oublie souvent.

Les Enseignants Supérieurs fournissent la demande suivante à la jeune génération :

« Votre âme devrait percevoir tout ce qui est léger et grand, d'où elle devrait être remplie d'une lueur brillante et chaude. C'est l'expansion du monde spirituel et votre beauté intérieure. Apprenez à comprendre le Suprême, à le voir et l'aimer, l'amour se manifeste dans les actions pour le bonheur de l'autre, du monde et du perfectionnement d'un proche. Il ne faut pas rester indifférents à la souffrance des autres car la compassion et l'empathie sont le chemin vers les hauteurs des mondes Divins.

Beaucoup de gens essaient d'entrer dans Notre monde mais leur esprit se dessèche vers Nous, parce qu'ils ont peur des difficultés et des épreuves. Dans les divertissements et la fierté peu profonds, ils se perdent en vain, perdent leur potentiel à des choses insignifiantes, éventuellement se transforment en une âme vide. On ne peut pas rester indifférent à la souffrance d'autrui, car dans la compassion et la sympathie est le chemin vers les hauteurs des mondes divins.

N'étalez pas sur des bagatelles et ne répondez pas à la bassesse par de la bassesse. Dans ce cas, votre âme gagnera une grande puissance de l'esprit qui vous aidera à entrer dans Notre monde.

Le bonheur de l'humain est en communion avec les autres, dans une élévation de l'esprit, ici, sur Terre. Toute division est un pas en arrière, c'est la voie de la dégradation. Soyez au-dessus du faible intérêt du propriétaire, votre patrimoine est en relation avec le monde Supérieur, des connaissances que Nous envoyons régulièrement à l'humanité ».

Nous voulons aussi donner des conseils sur la façon d'utiliser toute liberté (sociale, personnelle, de créativité, etc.) pour le progrès.

Le temps libre et la liberté d'action sont donnés à l'humain, non pas pour qu'il ne puisse rien faire et montrer sa bassesse ouvertement. La liberté est le mécanisme de séparation des âmes en bons et en mauvais. En donnant la liberté à une personne, cela révèle ainsi les failles dans son âme. La présence de la liberté dans la société conduit de nombreuses personnes à confirmer la dégradation qui se termine par le décodage et la destruction de la personnalité. Mais une humain positive pendant la période de liberté peut progresser considérablement.. Cela nécessite deux conditions :

1) Il doit être moral et ne pas succomber aux provocations de la permissivité et de l'impunité ;

2) Utiliser correctement la liberté pour le développement, à savoir, il faut utiliser chaque heure et jour pour améliorer son âme, s'enrichir avec de nouvelles connaissances, obtenir des compétences créatives. L'humain doit soumettre toute liberté de pensée, d'action, de foi, de créativité pour l'utiliser dans les processus d'enrichissement des nouvelles connaissances et d'ascensionner vers les plus hauts idéaux de l'humanité.

La connaissance supérieure de l'essence du mécanisme de la liberté nous permet de voir les pièges qu'elle fait pour un humain non éclairé, et aide à les contourner. Par conséquent, il est nécessaire d'être enrichi avec de nouvelles connaissances. La connaissance se transforme en protection de l'humain contre la dégradation et la destruction complète.

Chapitre 2
QU'ATTEND LA SIBERIE

La Bible dit que la fin du monde n'est pas un événement précis mais multiple. Par conséquent, le passage de la cinquième à la sixième race est accompagné d'une variété d'événements inhabituels et de phénomènes qui ne sont pas encore connus de l'humanité.

Dans ce cas, nous nous intéressons à la Sibérie et la partie orientale du continent Eurasien parce que la renaissance commencera de là. Les prévisions peuvent être données de différents points de vue. On peut dire comment le climat va changer ou analyser le changement démographique des nations. Il est possible d'analyser la restructuration de la partie continentale. Absolument tout va changer, y compris la nature, la flore et la faune, les rivières et les lacs, l'emplacement des villes et autres établissements.

Nous avons déjà parlé de l'avenir de la Sibérie, il y a dix ans mais seulement un petit peu et cela concernent principalement le changement de la population sur son territoire qui se passe actuellement.

Aujourd'hui nous parlerons des tendances générales de ces changements.

La Sibérie, ainsi que l'Extrême-Orient, vont bientôt changer totalement, à la fois géographiquement et en termes de climat. Connue par son froid glacial, la Sibérie deviendra nettement plus chaude. Son climat froid sera transformé à un climat chaud et doux, proche au subtropical à cause de la préparation d'un habitat favorable pour la future sixième race. La faune familière à l'humain moderne disparaitra. Il restera dans une composition limitée, de nouvelles espèces apparaîtront dont la forme énergétique correspondra à la prochaine gamme d'énergies.

Le territoire de la Sibérie et de l'Extrême-Orient va subir une série de chocs dans certains endroits accompagnés des tremblements de terre destructifs. C'est un signe de la restructuration imminente du continent Eurasien. Sa configuration externe va changer à cause des processus profonds dans les couches tectoniques de la Terre. Au fond de l'océan Pacifique il y a déjà un fossé qui pourrait bientôt affecter la zone côtière du continent.

Mais, compte tenu de la valeur de chaque vie humaine, les Supérieurs essaient de faire les changements nécessaires à la Terre très soigneusement et en pleine conformité avec le programme de chaque personne.

Le programme de notre pays, et particulièrement de la Sibérie, est très complexe et sera rempli d'une grande quantité d'événements, mais on ne peut pas en parler de toutes les détails. On peut seulement dire que la Sibérie a un grand avenir, car au fil du temps elle deviendra la capitalr de la nouvelle Russie qui fera sa renaissance en Sibérie plutôt qu'en Europe.

L'Europe est déjà dépassée à bien des égards, elle n'a d'autre choix que de disparaître peu à peu à cause de ses actions matérielles, de son manque de spiritualité, de la distorsion des commandements de Dieu et de nombreux autres facteurs négatifs dans son développement.

Une nouvelle Russie, c'est la Sibérie et ses environs, cela sera l'âme fututre d'une nouvelle race de l'humanité. Sa renaissance spirituelle sera puisée dans les nouvelles connaissances données par les Supérieurs au début du 21 ème siècle et lesquelles sont définies dans la série des livres «Au-delà de l'inconnu» et «La magie de la perfection ». Le réveil spirituel de la Russie passera par notre information dont la caractéristique particulière est l'énergie du texte. La nouvelle information sur la base des hautes énergies de l'avenir donne les principaux monuments pour l'âme humaine et aide à avancer au prochain Niveau du développement.

Les prédictions d'un avenir merveilleux en Sibérie, cependant, ne doivent pas être comprises comme un acte instantané de transformation de l'ancien dans le nouveau. Il en faut du temps pour cela. En outre, nous devons nous rappeler que toute transition est nécessairement accompagnée par la destruction, une rupture douloureuse avec la manière habituelle de vie et la mise en place d'une nouvelle aussi douloureuse. Il y aura de la lutte pour des motifs religieux entre certains groupes et sectes. Donc, toute la transformation de l'ancien au nouveau se fera pendant les 500 prochaines années.

Si nous parlons de l'avenir proche et l'avenir de l'humanité actuelle, pas seulement celui de la Sibérie, alors toutes sortes d'évèncments et catastrophes seront particulièrement intenses jusqu'en 2020, ce sera une période de divers désastres emportant un grand nombre de vies humaines. Et durant cette période, une personne qui meurt d'une crise cardiaque, d'un accident vasculaire cérébral ou d'une maladie dans son lit sera dans une meilleure position. Tous les autres seront pis. Comme les Supérieurs nous l'ont dit, le sort de chaque personne est déjà décidé. Ne reste qu'à accomplir, à chacun, son programme de vie selon sa conscience et sa sublimité d'esprit. Mais en l'accomplissant il ne faut pas penser qu'à obtenir seulement un plus grand nombre de plaisirs et d'avantages mais au compte que chacun devra tenir devant la Cour Suprême. Ce sont des gens misérables qui se fixent sur de faux objectifs et qui ne pensent pas au perfectionnement de son âme.

En raison du fait que pour le moment les gens sont fortement déviés des idéaux Divins et vénèrent ce qui est matériel, les Supérieurs bientôt assèneront sur tout ce qui est matière pour montrer à l'humain, sa futilité et sa fragilité. Ils assèneront sur l'argent et la propriété de matière, la crise économique sera seulement le premier acte d'un avertissement.

L'humain ne veut pas comprendre les dix commandements, n'entend pas l'appel des Supérieurs, donc il a besoin d'une secousse qui le fera voir la vérité à travers le prisme de la privation. L'humain a volé des millions mais il ne peut pas les préserver ni dans les banques ni dans sa maison. Il essaie de retirer de l'argent dans des voitures et l'or, des maisons et chambres confortables. Mais Dieu fera en sorte que peu importe où les gens mettent de l'argent qui ne lui appartient pas, volé à d'autres, tout sera dépersonnalisé, perdra toute valeur ainsi que des millionnaires ne pourrons pas acheter un morceau de pain. La colère de Dieu tombera sur l'âme pécheresse, et celui qui était riche deviendra pauvre matériellement et spirituellement, et qui était pauvre en matériel mais suivait les commandements de Dieu, deviendra riche parce que Dieu annoncera sa richesse spirituelle.

Le revenu se tournera dans la poussière. Personne n'est assez intelligent pour déjouer Dieu et les Supérieurs. La période de liberté complète pour piller et violer les pauvres et impuissants finira. Chacun recevra de Dieu ce qu'il mérite.

Nous n'avons pas le droit de le cacher à l'humain et nous disons la vérité au public, afin que chacun puisse penser à son avenir et essayer de fixer sa position pour le mieux. La reconnaissance volontaire de ses erreurs, la prise de conscience avant la Cour suprême de l'inexactitude de leurs actes, qu'une personne essaie généralement de justifier pour diverses raisons, qui permettra de prendre le chemin de la correction et de la renaissance spirituelle. Dieu donne à chacun une dernière chance d'être gracié ou disparaître à jamais du cycle de vie. À la fin de chaque cycle du développement, il y a toujours une sélection sévère des âmes dont celles progressant sont transmises dans l'évolution, et ceux qui ne répondent pas aux attentes des Enseignants Supérieurs cesseront d'exister.

Que peut-on conseiller dans cette situation ? Si pour une personne, durant une centaine d'années, lui a été données pleins de conseil mais qu'elle ne les a pas écoutées, alors les écoutera-t-elle quand il n'y aura presque plus de temps pour courir et pouvoir faire un saut à la prochaine race humaine ? On donne toujours plusieurs siècles pour un tel saut. Celui qui a écouté les conseils des Supérieurs, fera ce saut parce que l'élan à long terme, à travers les siècles, crée une grande énergie cinétique, et que l'élan de seulement quelques années ne peut pas fournir la puissance nécessaire. Cela est lié aux constructions dans la matrice de l'âme. Elles créent, seulement, ensemble le potentiel énergétique puissant qui élève l'âme à un plus haut Niveau du développement, vers la prochaine sixième race.

Cependant, pour ceux qui comprennent l'essence du développement et qui n'ont pas été sali par la vie, il faut être, avant tout, honnête. L'humain, même dans une seule vie, en fonction des situations dans lesquelles il se trouve dans le même environnement, peut être honnête, et dans d'autres circonstances quand tous arnaquent, il commence à arnaquer aussi. Mais il faut être honnête dans toute situation. Il faut être honnête devant Dieu et soi-même sans chercher à justifier les mauvaises actions.

Il est nécessaire d'augmenter l'intelligence cosmique, plutôt que celui de la terre, pour enrichir la connaissance des mondes Supérieurs et des Lois de leur existence. Il est difficile de dire « Aimez-vous les uns des autres et tout le monde autour » quand la haine et l'hypocrisie règnent. Par conséquent, nous conseillons, à cet égard également, de ne pas dépeindre l'amour faux et momentané, mais d'apprendre sincèrement à se respecter véritablement les autres et d'être en mesure d'évaluer correctement leurs actions. Absolument toutes nos recommandations liées au caractère moral de la personne, nous n'allons donc pas le répéter, ils sont bien connus depuis les temps anciens.

Les lecteurs peut-être attendent que nous disions comment sauver leur maison et leurs enfants durant les années difficiles de la transformation de la Terre, comment préserver leur capital et continuer à l'accumuler (comme le conseillent toujours les représentants du système Négatif), mais nous ne dirons rien de tel.

Dieu dit : « Vous pouvez être sauvé de la catastrophe imminente et vous déplacez à un autre endroit, mais si Nous avons écrit la fin dans votre programme, alors n'importe où vous déménagerez, partout la fin de votre vie vous attend. Telle est la décision des maîtres de la destinée humaine ».

Par conséquent, nous recommandons de ne pas sauver les choses matérielles mais de réfléchir sur la vie et essayer d'élever le niveau par l'aide de nouvelles connaissances supérieures données par Dieu à l'humanité. Et pourtant, nous voulons conseiller d'apprendre à comprendre les appels et les conseils d'autres personnes lorsque votre propre ignorance de l'essence des destins qui vous conduit à suivre un faux chemin. Par exemple, aujourd'hui il y a beaucoup de littérature sur la façon de gagner beaucoup d'argent et de devenir riche. Des gens donnent des conseils pratiques, partagent l'expérience des autres, utilisent de la magie noire pour entrer dans le Système Négatif. Tout ce qui est en rapport à beaucoup d'argent, conduit à la Hiérarchie négative. Par conséquent, les âmes positives doivent faire attention face à cette situation et comprendre quelles sont les ressources nécessaires et lesquelles créent un excédent d'énergies pour lequel il faudra rembourser sévèrement. Ce n'est pas une intimidation mais la dure réalité qui reste au-delà de la visibilité de beaucoup d'âmes. En ce qui concerne le matériel les Supérieurs disent :

« Tout et il devrait y avoir un minimum dans tout. ».

C'est la loi. Le non-respect de cette règle menace la perte du niveau, c'est-à-dire son abaissement par un ordre, ce qui s'accompagne d'une détérioration des conditions d'existence de l'âme.

Chacun a son propre chemin, les points de repère de l'ascension spirituelle existent toujours dans le monde, donc ne fermez pas les yeux pour éviter de voir vos actions injustes.

Pourquoi la Terre évolue

Depuis l'époque de la création de la Terre, notre planète n'est pas constante mais évolue toujours. Tout d'abord, la Terre était un seul continent appelé Pangée. Il s'est ensuite divisé en deux grands continents qui à leur tour, se sont divisés en un certain nombre de continents durant un certain temps.

L'humain dont la vie est trop courte, pour pouvoir voir ces changements de ses propres yeux, peut les juger au moins selon les cartes des navigateurs qui les ont constamment affinées. La plus ancienne carte était faite par l'astronome Claude Ptolémée il y a environ deux mille ans. Étonnamment est que l'océan Indien a été dépeint comme une mer fermée qui abritait de nombreuses îles.

Mais les siècles passaient, les cartes changeaient, et la surface de la terre des anciens temps ne correspond plus à celle de la terre moderne. Par exemple, comme disent les savants, il y a 30 millions d'années, l'Antarctique, l'Australie, l'Amérique du Sud ont formé un seul continent. Mais 5 à 6 millions d'années plus tard, il y a eu un accident à la suite de l'affaissement rapide des terres entre l'Amérique du Sud et l'Antarctique. Sur la carte de Phinée, l'Antarctique a été démontré comme un continent indépendant couvert de glace. Comment il le savait, assis dans son bureau ?

Les cartes ont été constamment affinées mais sur la base de quoi: de la fiction humaine ou de la possibilité des gens antiques de voir la planète et ses contours d'un côté? Après tout, on peut même supposer que certains des rédacteurs des cartes ont utilisé la clairvoyance à ces fins, de manière que la configuration soit très précise et travaillée sur ces anciennes cartes.

Comment pouvaient les gens qui n'ont jamais utilisé d'avions, voir les contours des continents et constamment faire des ajustements ? Qui a pris soins du fait que les marins utilisaient des cartes précises ? Après tout, aucun contact avec le monde Supérieur ne pouvait donner aux humains l'emplacement précis des continents. Par conséquent, les gens ont reçu les schémas des cartes autrement.

Les cartographes américains en examinant les cartes de cette époque, ont conclu qu'une telle image ne peut être faite uniquement depuis les airs. Leur conclusion confirme pleinement notre affirmation selon laquelle les extraterrestres visitaient la Terre avant la première civilisation et contribuaient à sa transformation. Ils ont aidé l'humanité dans les temps anciens jusqu'à ce qu'ils soient en mesure d'étudier la planète comme un oiseau, en hauteur dans le ciel. Et sur la base de leurs données, ont été construites les cartes de la Terre.

Mais nous ne sommes pas intéressés à l'histoire mais plutôt au mouvement des continents et des changements de la surface de la planète. L'humain moderne sait depuis longtemps que les continents apparemment immobiles sont en mouvement constant. Par exemple, la partie sud de l'Amérique Latine se déplace maintenant dans la direction de l'océan Pacifique à une vitesse de 17 centimètres par an. Le mouvement de la terre se poursuit et peu probablement ne s'arrêtera pas aussitôt. Alors, quelle est la cause du mouvement éternel de la Terre dans les étendues océaniques ? Quelles sont les causes de la Terre qui évolue au fil du temps ?

Rappelons qu'en premier, la Terre est un organisme vivant, ce qui suggère qu'elle devrait être caractérisée par un développement dans le temps et une croissance.. Le développement est toujours accompagné de la transformation de l'enveloppe extérieure. L'humain, aussi, ne reste pas constant dès la naissance mais grandi d'année en année, à la fois extérieurement et intérieurement. Ceci est typique à toute spiritualité. Par conséquent, le changement de l'apparence de la planète est un processus naturel et logique.

La Terre se développe selon le programme, de sorte que tous ses changements sont calculés dans le Système planétaire et planifié conformément à ses objectifs et aux besoins du développement de la planète. Il n'y a rien sur la Terre qui aura lieu en dehors du programme.

Les catastrophes et les situations d'urgence sont les mécanismes de transformation de la planète. L'humain pour la Terre est un micro-organisme, alors on peut dire qu'à chacun de ses mouvements de transformation pour l'humain est catastrophique, à savoir, terriblement fatale.

Ainsi, tous les changements de la planète sont causés par son développement.

Pourquoi certains continents seront immergés dans l'eau des océans ? C'est non seulement le changement externe de la surface mais aussi un processus de purification des anciennes énergies des continents.

L'eau se réfère à la matière à forte intensité énergétique, il absorbe l'excès d'énergie des autres et aligne les potentiels énergétiques de différents endroits. Si les continents sont imprégnés d'énergies périmées de la flore et de la faune altérée, cette énergie est absorbée par l'eau et transformée en potentiel inhérent à l'eau de l'océan à l'heure actuelle. Par cette façon, le lavage efface l'énergie obsolète, et commence la préparation des données des formations de la terre aux nouvelles activités fonctionnelles. De cette façon, les continents sont débarrassés de toute énergie inutile et obsolète. De même, à cet effet, les gens doivent purifier leurs corps avec de l'eau une fois par semaine.

L'immersion des continents dans l'eau est nécessaire pour les nettoyer. (La Lémurie et l'Atlantis ont coulés au fond de l'océan). L'eau de mer produit des processus d'autopurification. Tout cela est nécessaire pour le développement de la planète.

Nous avons également parlé de la croissance de la planète, et cela se produit vraiment. La planète non seulement se développe mais grandit aussi. La masse de la planète augmente chaque année d'environ quatre mille tonnes. Si vous analysez comment la planète était il y a 30 ou 40 millions d'années, vous remarquerez les traces de sa croissance, et pas seulement en poids.

Par contre, la planète ne grandit pas seulement physiquement mais ses corps d'énergies subtiles également. Auparavant, la Terre n'avait pas 7 enveloppes subtiles, elle a commencé avec qu'une seule couche de protection, et dans la mesure de son développement il y avait une augmentation des corps d'énergies subtiles, ce qui signifie la croissance du nombre de mondes parallèles de la planète. À l'heure actuelle, la transition vers un nouveau Niveau de perfectionnement, la planète reçoit 3 nouvelles enveloppes subtiles pour fonctionner avec la gamme suivante d'énergies.

Ainsi, tous les changements de la Terre ne sont pas aléatoires, les catastrophes amènent un développement ordonné des structures matérielles et subtiles de la planète.

Liens énergétiques de la Terre

Les gens sont étroitement liés avec la planète. La connaissance primaire de ces liens est que la planète nourrit l'humain, lui donne un abri, du carburant, offre pour lui ses ressources minérales qui sont des richesses incalculables. Il y en a de tout : l'argent, l'or, les diamants, les métaux, les minéraux, le charbon, le pétrole, le gaz, etc., dans une quantité infinie.

Sur la base de ces richesses les gens créent de la richesse pour eux-mêmes, bâtissent des entreprises énormes, des bâtiments à plusieurs étages. Ils changent le visage de la planète par son travail actif, réduit la forêt en un endroit et en plantant des semis en un autre. Il draine les marais et crée des réservoirs, couvre les rivières par des barrages et pollue les champs avec des produits chimiques toxiques appelés fertiliseurs.

L'humain agit toujours comme il veut sans hésitation, sans penser qu'il viole certaines lois de la nature, des flux d'énergie de la planète et de l'espace. Où il va à l'encontre des lois de la nature, le sol devient stérile, les colonies se couvrent de sable, les mers artificielles se dessèchent laissant des dépôts de sel où rien ne pousse.

Dans la poursuite de l'extravagance et des plaisirs, l'humain détruit l'environnement en pensant qu'il est capable de se régénérer. Bien sûr, la planète a ces processus fonctionnels. Mais l'auto-guérison exige du temps : durant une certaine période, seulement certains fragments de la nature peuvent se régénérer. Mais quand la destruction dépasse la vitesse de la récupération, commencent à se développer activement les processus inverses, ceux de destruction : le vent, les ouragans, les tempêtes de sable, les fortes pluies et les inondations, les glissements de terrain, la corrosion du sol, et ainsi de suite. L'humain doit tenir compte de la relation entre ce qu'il prend de la nature et qu'il lui donne.

Par exemple, avec les usines il prend du carburant, de l'huile et les matières premières. Mais qu'est-ce il donne en retour ?

Les usines polluent considérablement les rivières et autres plans d'eau par des déchets chimiques. Leurs pipes fumantes (et les cigarettes) obstruent l'air avec des particules toxiques qui font faner l'herbe et les arbres, qui périssent les animaux et les oiseaux. Dans la poursuite des plus grandes récoltes, l'humain a empoisonné tous les champs avec des engrais. S'il n'y avait pas des processus d'auto-purification dans la nature, l'humanité aurait depuis longtemps empoisonné elle-même.

Les pluies sont aussi des processus d'autopurification. Elles délavent les produits chimiques des champs, les forçant à descendre dans les entrailles de la planète où ils se décomposent à des éléments régulateurs. L'eau, en particulier la mer, dispose également d'un processus d'autopurification, c'est pourquoi les flux des rivières empoisonnés se nettoient et se transforment dans la mer, les vapeurs ascendantes portent une vapeur d'eau pur formant des nuages.

Cependant, de tels processus de purification sont à une certaine période jusqu'à ce que les impuretés toxiques ne dépassent les normes admises. Et puis de nouveau la pluie toxique couvre la terre parce que les gouttes d'eau qui traversent l'air sale, deviennent dangereuses pour la vie. Le boomerang revient à l'humain, il a beaucoup de maladies liées à son environnement toxique : de l'asthme, des allergies, du psoriasis et divers d'autres maladies.

Tout cela signifie une seule chose : toute relation doit être fondée sur certaines Lois, ou l'équilibre entre les unités se rompt ce qui cause de lourdes conséquences négatives. L'humain détruit l'environnement qui détruit l'humain à son tour. Ceux-ci sont les conséquences de la violation de l'équilibre.

Mais l'humain influence la planète sur le plan énergétique également. Il est construit selon la relation énergétique avec la planète. Le programme de vie de l'humain est nécessairement lié à l'énergie de la planète et du système Solaire. Les constructeurs Supérieurs calculent où et quand appliquer de l'énergie à l'humain, de quel type et combien. Ils calculent combien d'énergie il doit recycler pour transférer une certaine quantité à la Terre et à d'autres installations qui sont fonctionnellement liés. Ces calculs sont complexes mais font partie de son programme.

En obtenant l'énergie de l'espace, l'humain la recycle et transmet une gamme basse à travers ses jambes à la Terre. L'humain est lié à certains processus énergétiques dans l'endroit où il vit, à savoir, il est obligé de fournir une partie à la terre par des types d'énergie spécifique. Ceci est la raison pour laquelle il a été créé sur la Terre. Par conséquent, à l'époque, les gens étaient fermement attachés à leur lieu de résidence. Ainsi ils devenaient un mécanisme d'alimentation de la planète des types nécessaires d'énergie au secteur concret. Ils étaient un transfert de lien énergétique entre l'espace et la planète. Mais ces énergies se réfèrent au spectre grossier physique parce qu'elles associaient les activités fonctionnelles du corps matériel de l'humain avec le corps matériel de la planète.

Dans le sol, l'énergie provenant de l'humain allait dans les structures énergétiques du plan physique de la planète et passait de nouvelles transformations. Chaque continent dans son corps physique a beaucoup de canaux d'énergie.

La surface de la Terre est divisée en méridiens d'énergie et horizontales. Les lignes de E. Hartmann ne sont rien d'autre qu'une partie de la structure énergétique de la Terre. Les lignes de Hartman s'étendent d'Est en Ouest sur 2,5 mètres et du Nord au Sud sur 2 mètres.

Toutefois, les bandes d'énergie passent non seulement par la surface de la Terre, mais la planète entière a un cadre énergétique puissant composé de formes géométriques. Le cadre du plan subtil ressemble à un cristal aux multiples facettes et noeuds du réseau cristallin. La science confirme que les centres des anomalies géomagnétiques et des pics de pression atmosphérique se trouvent dans les sommets des polyèdres de ce cadre de la Terre.

En outre, il a été constaté que les civilisations sont nées dans des endroits qui coïncident avec les noeuds du réseau énergétique. Cela confirme le fait que l'humanité est directement liée à l'énergie de la planète, donc pendant la création d'une civilisation les Supérieures la lient aux énergies de la Terre. (Les gens eux-mêmes, de civilisation à civilisation, ne pouvaient pas choisir les options de réinstallation nécessaires parce que toute civilisation a commencé par des représentants intellectuellement sous-développés).

Toute la flore et la faune étaient liées à l'énergie de certaines régions de la planète, de sorte que certaines plantes poussent bien dans certaines régions et poussent mal dans d'autres. L'humain n'a jamais pris en compte que la structure énergétique de la Terre peut affecter les récoltes et la santé. Les rayonnements dangereux - zones géopathogènes sont associées aux réseaux énergétiques spéciaux appelés la grille de M. Karri et E. Hartmann.

Les plantes vénéneuses poussent bien sur les énergies négatives, c'est-à-dire, dans les zones géopathogènes, et les plantes cultivées s'y développent mal. Chaque plante, ainsi que l'humain, est conçu pour fonctionner avec certains types d'énergie, donc où l'énergie de la terre correspond à leur propre énergie, ils prospèrent, et où cela ne correspond pas, ils commencent à se décomposer. De plus, les gens dans les zones géopathogènes tombent malades ou se sentent oppressés, mal. Par conséquent, l'impact sur son corps des radiations dangereuses peut faire développer le cancer et d'autres maladies.

Mais les plantes sont non seulement attachées énergétiquement au sol, elles travaillent aussi avec lui, comme les humains. Certains Systèmes spatiaux en charge de la nature terrestre, donnent nécessairement aux arbres, arbustes, herbes les types d'énergie dont la Terre a besoin. Les plantes recyclent l'énergie à travers les processus de vie et pareillement que les gens transmettent au sol ce dont il a besoin à un endroit donné. Autrement dit, il y a un strict respect de la structure énergétique de la plante et d'une partie de la Terre sur lequel elle se développe. Par conséquent, beaucoup de plantes d'une zone de la planète ne peuvent pas exister dans une autre zone et meurent rapidement. (Nous ne parlons pas de l'implantation forcée des unités végétales par l'humain dans les régions qui ne leur correspondent pas. Ce sont des cas particuliers. Pour cela, l'humain crée des conditions artificielles d'existence).

Les animaux sont aussi liés à leurs zones de résidence qui sont également impliqués dans les processus énergétiques de la planète et de l'espace.

La religion a également été utilisé pour la construction des temples sur la structure d'énergie de la Terre. Le fait que les églises sont construites sur les flux d'énergie ascendants de la Terre est déjà bien connu. Dans ce cas, la structure de la planète a été utilisée pour organiser des flux d'énergie ciblés fonctionnants entre la Terre et l'espace.

Les églises accumulent l'énergie des paroissiens grâce à une conception spéciale des dômes et la transmettent par des croix-antennes aux égrégores correspondants au plan subtil de la Terre, les égrégores soi-disant religieux. Ainsi durant certains jours liés à des fêtes religieuses, les Systèmes spatiaux donnent de nouvelles portions d'énergie aux gens et à la planète en même temps. Tout ce que l'humain n'a pas acquis, va dans le sol et sera distribué à travers ses canaux d'énergie.

Toutes les positions religieuses sont associées à certains flux d'énergie opérant entre les églises et le ciel pendant ces périodes. Pendant les fêtes religieuses, l'énergie se déplace entre la Terre et l'espace d'une manière différente que les jours ordinaires.

Toutes les zones climatiques de la Terre ont leur propre ensemble d'énergies comme nous l'avons écrit dans le livre "Révélations du Cosmos", donc nous ne nous attarderons pas sur ce point.

L'âme de l'humain porte un certain potentiel qui, résumant avec beaucoup de potentiels similaires d'autres personnes, crée une puissante influence sur l'enveloppe subtile de la Terre et son corps physique. Précisément à cause de ce potentiel d'énergie, le nombre d'âmes à être placées sur notre planète, ne peut pas dépasser un nombre excessif. Tout est lié entre soi. Par conséquent, le rapport strictement défini, doit toujours être maintenu entre le potentiel total des âmes humaines et le potentiel de l'enveloppe subtile de la Terre.

La potentiel totale du nombre total des âmes peut être moindre que la capacité de la Terre mais il ne pourra le dépasser d'aucune façon selon la Loi du maxi-volume. Qu'est-ce qu'ils exigent ces Lois ?

Tout d'abord, toute personne doit avoir pour son existence un habitat spécifique et un certain volume spatial lui fournissant tout le nécessaire. Par conséquent, généralement toutes les unités privées dans le volume total du monde sont situées de telle sorte qu'elles n'interfèrent pas dans l'existence d'un voisin mais aussi aident à faire bien ses fonctions en relation avec ce monde. Ainsi, le monde des plantes aide au monde des animaux, et tous les deux ils servent au monde humain.

Bien que cette dépendance dans l'environnement humain soit difficile à observer, elle existe et est particulièrement sensible dans le plan subtil. Tout volume mondial, dans ce cas notre planète, a toujours des normes spécifiques pour l'emplacement des unités privées (qui sont les personnes, les animaux, etc.) à l'intérieur. Entre elles, il doit toujours avoir une distance minimale qu'elles ne doivent pas violer. Si elles ne respectent pas les règles de répartition des formes particulières dans le volume total du monde, elles commencent à se détruire les uns les autres.

Par conséquent, la loi de la construction aide au volume global à maintenir son intégrité parce que si les lois de la construction du monde ne sont pas respectées, alors lorsque le potentiel total des unités privées est dépassé, le volume total d'existence peut être détruit, la destruction d'un objet spatial plus grand peut se produire. Tout cela est lié aux indicateurs énergétiques de la Terre ou de tout autre planète.

La base d'un énergopotentiel de la Terre au moment donné est seule dans le système planétaire avec une telle construction qui donne cette richesse de types d'énergie utiles pour les besoins de l'espace.

Chapitre 3
DANS QUEL TEMPS VIVENT-ILS
L'UNIVERS, LA TERRE ET L'HUMAIN

Chaque objet de l'univers vit dans son propre temps. Les grandes formes existent depuis des milliards d'années ; les petites formes existent pour une durée plus courte, et les très petites formes vivent pendant des instants par rapport au temps de l'univers. Donc notre univers existe depuis environ 14 milliards d'années (en termes terrestres), le Soleil a environ 5 milliards d'années, notre Terre a 4,5 milliards d'années, et les humains ont plusieurs décennies.

Et dans la transition vers les particules élémentaires, un paradoxe est observé : leur durée de vie augmente fortement. Par exemple, la durée de vie d'un électron est de $4,6 \times 10^{23}$ ans. En pratique, il peut être considéré comme éternel. Mais comme la période du développement de la matière est limitée dans son existence générale, par conséquent, la vie d'un électron à ce Niveau est également limitée. Mais l'électron est capable de passer à un autre Niveau et de continuer son existence dans une gamme différente d'énergies.

L'électron fait référence aux particules élémentaires sur lesquelles le monde physique se construit. Par conséquent, leur durée de vie est primordiale par rapport à toutes les autres formes qui vont ensuite remplir ce plan par la suite. (Toutes les formes matérielles et la matière physique elle-même sont apparues plus tard que l'électron). Tout d'abord, les Créateurs Suprêmes des mondes matériels ont créé des particules élémentaires (le vide du Niveau correspondant), puis sur la base de ces particules et des programmes qui les réunissent en composés nécessaires, tous les autres éléments de notre univers ont été créés. C'est d'ici que vient ce paradoxe : en franchissant une certaine frontière, la forme devient éternelle (presque éternelle, comme expliqué ci-dessus).

Mais revenons à la matière de notre Niveau.

Comme nous le voyons, le temps passe par ordre décroissant : plus la taille de l'objet et la masse physique sont petites, plus courte est la période de son existence. (Cependant, cette loi est valable que jusqu'à certaines limites des paramètres).

Cependant, étant donné que toutes ces formes sont dans le volume total de l'univers, elles sont d'une certaine manière, reliées par des relations temporelles et des dépendances entre elles. Dans l'interrelation d'un temps à l'autre, il existe des coefficients spécifiques des rapports potentielles du temps. Mais puisque tous les objets de l'univers et lui-même sont matériels, leur temps est toujours divisé en trois phases :

 passé, présent et futur. Nous nous intéressons maintenant aux transitions d'une phase temporelle à une autre.

Imaginons notre univers comme une vaste espace et notre planète à l'intérieur. La planète se transforme en une taille si petite qu'elle disparaît dans les profondeurs de l'univers. Mais comment alors le temps d'un volume plus grand est-il relié à un volume plus petit, y a-t-il des relations entre eux ?

Notre Terre vit dans le passé en relation avec les corps stellaires de l'espace extra-atmosphérique de l'univers. Tout dépend de la vitesse de la lumière, qui nous apporte des informations sur les étoiles lointaines. Combien de temps cela prendra-t-il pour que ces informations nous soient livrées ?

Si nous voyons, depuis la Terre, une étoile ou une planète, dont la lumière, après avoir parcouru de grandes distances, nous a finalement atteint et apporté son information (image), alors cette information sera ancienne, existant depuis des millions d'années-lumière ou plus car il est impossible à la lumière, qui a une vitesse d'environ trois cents kilomètres par seconde (300 km/sec) de traverser les vastes espaces de l'univers instantanément et en se réunissant avec notre époque actuelle. Ceci est bien connu de la physique à tous les lycéens. Par conséquent, nous, étant en tout point de la Terre, voyons toujours le passé de toutes les étoiles et les planètes.

Pour voir leur présent, il faudrait augmenter la vitesse de la lumière d'une quantité identique à un million d'années-lumière.

La vitesse de la lumière multipliée par le temps donne la distance au temps actuel des étoiles. Dans ce cas, nous verrons le moment actuel de son existence.

Par conséquent, le temps dans notre univers dépend directement de la vitesse de la lumière. Et toutes les planètes et les étoiles vivent dans l'univers que dans un temps identique, qui est relatif à son maxi-volume. En même temps, chaque objet a son propre temps.

Si vous regardez notre Terre indirectement, depuis une autre étoile ou planète, vous verrez alors le passé de notre planète. Étant donné que la vitesse de la lumière dans notre univers est la même, pour les humains elle a une valeur constante, alors tous ses corps physiques vivent dans le passé, les uns par rapport aux autres. Le temps de notre univers pour nous s'avère toujours être le passé, nous ne verrons jamais son moment présent en raison de notre petite taille et des grandes distances d'observation entre les objets.

Chaque volume du monde, chaque corps a son propre temps d'existence individuelle, c'est pourquoi le temps de la Terre est différent du temps de l'univers. Comme nous le voyons, l'univers visible appartient au passé. Mais où est donc son avenir ?

Pour voir l'avenir de l'univers, il est nécessaire d'accélérer la vitesse de la lumière actuelle à deux fois plus vite que la vitesse de la lumière du passé. Avec la vitesse de la lumière, le flux et le temps seront également plus rapides. C'est ainsi que nous obtenons l'avenir.

Mais posons-nous la question : comment l'âme peut entrer dans l'avenir sans son corps matériel? Est-ce possible?

Pour comprendre comment cela peut se faire, faisons la comparaison des temps encore une fois.

La Terre vit dans le passé par rapport à l'univers. L'humain vit dans le présent par rapport à la Terre. Alors qui vit dans l'avenir par rapport à l'humain ?

Comme la vitesse de la lumière est la même pour la Terre et pour l'homme, en raison de leur séjour au même point dans l'univers, le terrien peut se rendre au futur selon la même formule que celle de la Terre : en augmentant la vitesse de sa lumière par la quantité de temps où il est nécessaire d'obtenir.

Le passé, le présent et l'avenir de l'humain

L'humain ne sait pas beaucoup chose sur lui-même, en particulier, il ne connaît pas le rôle du système lymphatique dans la formation de la mémoire du passé.

Le système lymphatique du corps matériel humain porte une énergie négative, contrairement au sang qui transporte une énergie positive. Le système lymphatique est capable de maintenir la mémoire du passé de l'humain qui est lié au plan physique, c'est-à-dire que le système lymphatique humain est impliqué dans les processus de formation de la mémoire sur le plan physique, en transformant certaines données de l'environnement à travers des réactions physiques et chimiques de l'enveloppe matérielle dans les processus du plan subtil.

À première vue, cela semble incroyable, mais comme l'humain a plusieurs états des corps, physiques et subtils, il existe, donc, des processus qui combinent leur activité fonctionnelle en une seule. Les processus de connexion ont une structure en trois phases de construction : ils existent dans le présent, et ce qu'ils relient, est situé dans de différentes dimensions. Mais ces processus permettent à l'âme de se sentir comme un seul organisme intégral. Il ne faut pas oublier que l'humain est un être multidimensionnel, existant en plusieurs dimensions.

Cependant, nous sommes intéressés par les processus qui opèrent entre les dimensions (Niveaux), cela veut dire entre les matières de différents corps énergétiques (physique et astral). Ils doivent convertir la matière d'une dimension à une autre, qui est exactement observé lors du passage d'une phase du temps à une autre. Puisque ces phases : passé, présent et futur, existent dans des dimensions différentes les unes par rapport aux autres, de sorte que l'observateur dans le temps présent ne voit ni le passé ni l'avenir. Sa vision est conçue pour ne voir que dans une seule gamme d'énergies.

Demandons-nous maintenant comment se forme le passé de l'individu? Pourtant il se souvient toujours de ce qui s'est passé il y a un mois et, étant dans le présent, il sait que l'avenir l'attend. Plus précisément, il ne peut pas définir les événements qu'il devra traverser, mais il sait en termes généraux, grâce à son expérience d'observation de la construction de la vie des personnes âgées (l'ancienne génération), comment se forme l'histoire de leur existence. La vie coule, l'avenir devient le présent, et le processus se poursuit jusqu'à la transition du présent dans le passé. L'individu attend de nouvelles situations, cachées par le voile de l'avenir.

Ensuite le processus se poursuit : les événements du futur traversent constamment le moment présent pour se transformer en hologrammes du passé. Tout cela existe en dehors de l'humain, dans son monde extérieur. Cependant, il se reflète également dans le monde intérieur de l'humain, étant conservé dans sa mémoire.

La mémoire humaine est toujours dans le temps passé, la pensée est dans le présent. Comment se fait le passage d'un temps à un autre à l'intérieur de l'humain ?

Les faits des situations réelles (actuelle) sont réunis dans une chaîne générale d'événements de la vie qui se succèdent les uns aux autres.. Chaque situation a sa propre énergie, et l'humain a un certain pouvoir de perception de l'environnement. Mais toutes les situations de la vie sont calculées par les programmeurs Supérieurs pour une certaine force d'impact sur l'humain.

Par exemple, une situation, de la visite d'un théâtre aura des effets à court terme sur l'individu, mais elle ne peut pas entrer dans la mémoire de son passé si le spectacle a fait une impression faible sur l'individu. Et si l'individu se retrouve lui-même dans une situation réelle d'inondation ou de confrontation de la mafia, cela va lui faire une impression si forte qu'il s'en souviendra de cet événement toute sa vie.

Autrement dit, pour que la mémoire enregistre quelque chose et que l'événement soit passé du présent au passé, **il faut une certaine force d'impact** de cet événement sur l'individu. Il n'y a pas tout qui entre dans la mémoire de l'individu, pour ne pas l'obstruer des choses qui n'ont d'importance particulière pour le développement de l'âme.

Le corps humain dispose de certains mécanismes qui recueillent des informations sur chacune de ses cellules, de chaque molécule, parce que tout le corps est interconnecté avec les situations de la vie à travers le fond émotionnel de la personnalité, de ses sentiments et de ses réactions chimiques et physiques. À partir de fortes impressions de tout événement, toutes les réactions de l'organisme changent, donc il y a toujours un lien direct entre l'événement et ce qui passe non seulement dans le corps physique, mais aussi sur le plan subtil de l'individu. Fondamentalement, les événements donnent une impulsion à la transformation des énergies humaines.

Parce que chaque cellule dans le corps réagit à un événement d'une manière strictement spécifique, qui sont certains changements dans la composition chimique et physique, la mémoire à travers le système lymphatique recueille les informations de chaque cellule du corps correspondant à un moment particulier dans le temps et les convertit en types d'énergie requis.

L'information transformée en énergie se forme en mémoire du passé. L'humain rajoute sa mémoire avec de nouvelles histoires de vie et de nouvelles connaissances seulement, et tout ce qui se répète, n'y est pas inclus. Il est inhérent au mécanisme de la mémoire. Deux événements de mémoire identiques n'apportent rien à l'âme. Par conséquent, ils sont ignorés. Et deux ou plusieurs situations similaires dans les événements du monde extérieur, au contraire, sont nécessaires pour construire des qualités dans les cellules de la même âme. Donc, les événements du passé, enregistrés dans la mémoire et ceux qui se produisent dans le présent dans le monde extérieur, ont un effet différent sur l'âme.

La mémoire du passé de l'humain se consiste d'énergies négatives. Dans le corps humain, il y a une sorte de transformation de l'énergie positive du présent de l'événement en énergie négative du passé. L'énergie du future est transformée en énergie du passé grâce au moment actuel. Le temps est le principal transformateur de tous les événements et réactions.

L'énergie du présent est le processus de reformation de l'énergie du futur, positive, en énergie du passé, négative. Ce processus se produit automatiquement chez l'humain avec une rapidité fulgurante. Pour ce processus, il n'y a ni le temps, ni l'espace. Il est soumis qu'au présent, à ce qui existe que maintenant. Il ne sera jamais attribué au futur ou au passé. Le moment présent est bref et en même temps éternel. Il est difficile pour l'humain de comprendre car c'est un paradoxe mais un jour il comprendra : le perfectionnement de l'âme permettra un jour de réunir tous les paradoxes en une seule théorie du développement.

Cependant, en parlant des phases du temps, il est nécessaire de savoir que dans l'univers, il y a des mondes qui ne vivent que dans le présent. Et ils ont un certain cycle de vie intemporelle qui contient l'énergie nécessaire pour résoudre les situations de la vie de leur Niveau.

Le développement humain dépend de la parole, ou plutôt, du mot portant un certain nombre d'informations. Le temps a certainement un impact sur le mot, provoquant des changements sémantiques. Les mots ont aussi un passé et un avenir, et ils réfractent aussi leur sens à travers le temps.

On remarque bien sur les différentes générations qui utilisent des mots différents et des vocabulaire différents. Les générations plus âgées remarquent que dans leur jeunesse elles ont utilisé des mots et des expressions complètement différents. Mais certains mots naissent et meurent ici dans la même génération, tandis que d'autres traversent les siècles en se transformant. Par conséquent, certains mots ont des racines qui remontent à la vieille époque. Les expressions changent aussi : ce qui était impossible dans le passé, se produit dans le présent. Et, bien sûr, beaucoup de mots auront un avenir durant l'existence de la sixième race car pendant la période initiale de développement, elle continuera à utiliser le langage verbal.

Les combinaisons de mots dans le temps présent ont la même valeur, mais si vous regardez en arrière, vous trouverez une combinaison très différente de celle-ci. Autrement dit, le temps change la relation des mots selon les concepts de l'humain. Cela change son esprit, ses concepts, ce qui provoque des changements dans la construction des phrases et des mots eux-mêmes. Il est clair que si l'on compare la parole humaine en trois phases temporelles, l'humain dans le passé parlait à sa manière; dans le présent il parle d'une manière différente, et dans le futur, il parlera différemment du passé et du présent. Le sens de la phrase change par rapport aux opinions de l'humain. Si dans le présent, ils ont beaucoup de poids, alors, en passant dans le passé (c'est-à-dire au fil du temps), leur ancien sens est perdu et un nouveau se forme.

Les mots sont en mesure de changer leur essence. Et un individu le sait très bien. Mais des mots ont encore une fonction qu'un individu ne peut différer en tant que particulière. **Certains mots sont la clé de la manifestation de l'action, la cause de son début.** Mais ces mots ne fonctionnent que dans le temps réel. Ils aident les gens à s'impliquer dans de certains processus à temps.

Monde sans étoiles

Notre univers est rempli d'étoiles et la Voie lactée est un magnifique amas de myriades d'étoiles. Cependant, il y a des mondes sans étoiles, ce qui signifie sans soleil. L'humain croira ces univers et ces mondes horribles car ils lui semblent complètement sombres, obscurs et sans espoir. Imaginons un monde sans soleil, ce n'est que de la noirceur autour. Comment peut-on s'y déplacer et y vivre ?

Toutefois, il convient de noter que les êtres nés dans ces mondes s'y sentent bien et ils se croient aussi beaux que nous croyons l'être. Il s'agit de l'organisation des formes d'existence destinées à de tels mondes. Chaque forme est calculée pour un monde particulier, selon ses paramètres et fonctions. Par conséquent, il n'est donc pas nécessaire d'avoir des organes de la vision sous formes des yeux pour voir l'environnement. Certaines formes perçoivent l'environnement à travers l'enveloppe subtile extérieure, cela veut dire qu'ils ont une vision du monde tridimensionnelle qui est de qualité supérieure aux organes de la vision humains. Bien entendu, cette vision a une structure distincte, différente de l'humain.

Avec la vision tridimensionnelle, la créature (extraterrestre) peut sonder l'espace pas dans un ou trois directions, mais à 360 degrés. Il y a, bien sûr, des extraterrestres avec les organes de la vision similaire à l'humain mais construites sur une gamme de fréquences différentes. Par conséquent, ces êtres vont percevoir notre monde comme noir parce que leurs yeux travaillent dans une autre gamme d'énergies, et nous verrons pareillement, leur monde comme noir. Ainsi, le monde soit clair ou sombre dépend souvent des sens de perception des êtres.

Mais comparons les mondes avec les étoiles et les mondes sans. La différence entre eux est significative. Tout d'abord, dans les mondes avec les étoiles, les sources lumineuses émettent de l'énergie qui donne de la chaleur et de la lumière. Les étoiles sont situées dans les endroits de l'univers qui nécessitent de l'énergie supplémentaire pour des activités particulières. Par exemple, nous, les animaux et les plantes utilisons l'énergie du soleil pour notre survie, et la plupart des processus de la Terre sont aussi effectués avec son énergie. Toutes les planètes de notre système fonctionnent également d'une certaine manière avec l'énergie du Soleil. Son énergie supplémentaire est utilisée pour la vie de nombreux objets spatiaux.

De même, d'autres étoiles, dispersées dans tout l'univers remplissent les mêmes fonctions spécifiques pour d'autres formes d'existence et des systèmes planétaires. Chaque étoile alimente un certain volume spatial avec son énergie.

Dans les mondes sans étoiles, ils n'ont pas de planètes semblables aux nôtres, parce que ces formes (étoiles et planètes) sont étroitement liées les unes aux autres sur le plan fonctionnel. La source de lumière dans de tels mondes est absente, parce que ce volume mondial n'en a pas besoin de lumière, ni de sources d'approvisionnement d'énergie supplémentaires. En règle générale, la lumière est inventée seulement pour les mondes physiques. Dans d'autres mondes, le terme "lumière" est formée d'une manière différente, par exemple, par la tonalité. Si encore une fois, l'expliquer en termes physiques, alors l'âme peut voir une telle tonalité de lumière comme un monde multicolore lumineux, en fait ce n'est pas une "lumière" mais un tel état particulier du monde.

Quant au monde (ou univers) sans étoiles, l'énergie est produite et est distribuée d'une manière différente. Si le monde n'a pas d'étoiles, il y a leurs substituts qui existent.

La forme de l'étoile a été créée comme un émetteur d'énergie sur les processus de la matière physique. Mais si la matière est différente, le processus sera différent. Certains mondes, formés sur l'énergie de haute gamme, brillent d'eux-mêmes. Tous les objets émettent eux-mêmes de l'énergie, c'est pourquoi de tels mondes sont lumineux. Mais l'humain a un organe de la vision différent, qui n'est pas conçu pour ces fréquences données, alors il ne percevera pas ces mondes comme lumineux mais sombres, ou plutôt, il ne les verra simplement pas. Mais dès que l'âme rejette le corps matériel, conçu pour pour le spectre physique des énergies, dans la structure subtile de son âme, l'organe de la vision subtile est activée, et ce qui n'était pas visible auparavant devient visible.

L'humain voit parfois des énergies hautes descendre sur notre Terre depuis en Haut, comme des ténèbres. Il y a eu de tels cas dans l'histoire de l'humanité qui ont été décrits comme un phénomène quand l'obscurité prolongée est tombée sur la Terre, et ni la Terre, ni le Soleil n'étaient visibles. Les Supérieurs expliquent ces moments par la descente sur Terre, des énergies subtiles de très hautes fréquences.

Comme elles étaient en dehors de la perception des fréquences du spectre de l'oeil humain, il les a perçues comme noires. Donc, tout dépend de l'organe visuel des créatures.

De même, par exemple, après la mort, quand l'âme de l'humain vole à travers le tunnel vers le Distributeur, elle ne voit pas «la lumière au bout du tunnel» mais le monde Supérieur, ainsi que sa structure et la lueur des énergies à partir desquelles il est formé. Lorsque l'humain entre dans l'espace proche de la Terre après sa mort, il entre dans un monde qui manque également de soleil et d'étoiles, mais il "clignote" sur la lumière vive de ce monde où il entre et ne comprend pas d'où elle vient, et ne comprend pas d'où elle vient. La lumière vient de la matière elle-même. Elle brille.

En outre, il y a des mondes dans lesquels les fonctions des étoiles sont exécutées par des êtres de taille énorme. Ils traitent l'énergie reçue de l'espace et la transforment en une gamme plus élevée. Les processus dans un tel monde sont construits différemment que dans notre univers. Ils ont une structure échelonnée de l'espace. L'énergie est traitée à chaque étape par des formes spéciales et se déplace plus loin, plus haut le long du spectre.

Les limites de l'évolution et de l'involution

Les étoiles sont rarement créées seules. Elles sont généralement construites comme un système planétaire constitué d'une ou de plusieurs étoiles et d'un certain nombre de planètes. Chaque étoile a un nombre de planètes.

L'ajout d'une étoile aux planètes est lié à ses enveloppes subtiles. L'ensemble du système planétaire est un mécanisme cosmique

 interconnecté par les fonctions de production, du traitement et de la transmission de l'énergie. Les planètes produisent pour les enveloppes subtiles des étoiles ainsi que pour les leurs.

Sur la base de la transformation constante des énergies à travers la matière, a lieu l'évolution de la matière de l'étoile et des planètes, la matière change. Extérieurement, bien sûr, cela ne se remarque pas. Mais absolument tout change qualitativement et, surtout, des états spiritualisés.

L'univers lui-même est modifié uniquement sur la base de l'activité en lui de l'ensemble de toutes les formes existantes: galaxies, étoiles, planètes, trous noirs et blancs, quasars, etc. Tous modifient qualitativement son contenu interne. Cependant, dans leurs processus, il est nécessaire de faire la distinction entre ceux qui contribuent au progrès de l'univers, à son évolution, et ceux qui se rapportent à l'involution. Ce sont deux directions opposées. Mais chaque direction correspond à certain processus, certain travail. Par conséquent, lors de l'examen détaillé de ces directions, on trouve qu'elles sont constituées d'une multitude de fonctionnalités et d'actions.

L'involution consiste à la destruction et la réduction du potentiel énergétique de la matière, au contraire, l'évolution consiste à l'augmentation des accumulations des énergies, et d'améliorer leur ordinal et d'accroître leur potentiel. Ici, il y a des processus d'accélération et de décélération du développement, il y a aussi des processus parallèles pour améliorer simultanément dans de multiples directions. Par exemple, si nous prenons la planète Terre comme un volume mondial, elle se développe dans plusieurs directions simultanément. Ainsi, la planète a développé sept corps : un physique et six énergétiques (6 enveloppes subtiles). Il y a un développement à tous les Niveaux. Tous les processus sont simultanés.

Tous les corps subtils de l'homme ne sont pas impliqués dans une progression active, mais, par exemple, les jeunes âmes évoluent seulement avec l'enveloppe physique, astrale et éthérique. Si nous prenons l'univers comme un volume mondial, alors, bien sûr, son développement à plusieurs niveaux augmente. Les processus évolutifs s'y développent en lui dans des directions beaucoup plus larges.

L'évolution de l'Esprit consiste en un ensemble d'énergie, de sa croissance quantitative, et l'involution est dans sa perte. Chaque unité constituant l'univers évolue à sa manière, mais les processus de développement privés composent un processus général unique de l'évolution de l'univers. De même, l'involution est composée des processus privés correspondants.

Dans l'énorme volume de l'univers, il y a, en même temps des processus d'évolution et d'involution. L'une créée, l'autre détruit, et la différence entre ces processus forme la progression ou la dégradation du volume mondiaux, selon celui d'entre eux qui prévaut, ainsi que le renouvellement.

Mais puisque tous les volumes mondiaux sont contrôlés par les

Instances Suprêmes, Ils ne permettent pas aux processus d'involution emporter sur les processus d'évolution. Cependant, ils ne peuvent pas être complètement enlevés du volume global, car, par exemple, les processus de dégradation et de destruction sont nécessaires pour détruire tout ce qui est mal construit et obsolète dans le volume. Ils nettoient les mondes, l'univers lui-même. En même temps, sur la base des processus de destruction et d'abaissement du Niveau des éléments dégradés, les processus d'involution progressent eux-mêmes en créant la direction opposée du mouvement dans l'univers.

L'évolution est le mouvement dans une direction, l'involution est dans la direction opposée. Mais alors, y a-t-il quelque chose entre ces processus ?

Tout d'abord, ces deux processus opposés sont séparés et en même temps unis par le moment présent dans le temps.

Il y a encore une chose intéressante à propos de ces processus. L'évolution est connue pour être infinie. Mais l'involution est-elle aussi infinie, et quelque chose peut-il la limiter et la maintenir dans les limites de la permissibilité?

Il se trouve que l'involution est toujours limitée par de certaines mesures de sécurité ou de processus de protection. La première (mesures de sécurité) peut inclure le fait que l'involution est artificiellement limitée aux limites du niveau auquel elle appartient. Après tout, la destruction est dans une descendante. Le processus d'involution dans un certain Niveau est construit dans les mécanismes qui ne fonctionnent que sur les énergies de ce Niveau, à un autre Niveau subordonné, ce processus sera construit d'une manière différente et calculé pour la destruction d'autres types d'énergie. Mais, comme on dit, si une fusée fonctionne avec le combustible nucléaire, par contre avec de l'huile de tournesol elle ne volera pas. De même, les processus d'involution du niveau, ayant atteint les limites inférieures du niveau, s'arrêteront, car plus loin vont d'autres énergies, pour lesquelles elles ne sont pas conçues.

Cependant, il y a des moments où les processus d'involution acquièrent tant de pouvoir qu'ils passent aux Niveaux inférieurs. Mais ils ne sont capables de franchir la frontière que si deux niveaux différents ont des énergies identiques dans la zone frontalière. Cela se produit généralement uniquement dans les volumes qui se trouvent sur le Niveau inférieur du développement. Dans ce cas, des mesures de protection sont activées contre les processus d'involution pour les empêcher de se développer davantage. Ces mesures de protection sont des processus d'autodestruction.

 **Toute dégradation se termine par l'auto-destruction.** Cela vaut pour absolument tout, donc l'humain doit surtout se rappeler de ce postulatToute dégradation se termine par l'autodestruction.

Toute involution n'existe que dans certaines limites. Ces processus ne sont pas entièrement retirés de la circulation, car la destruction du défaut et obsolète est toujours nécessaire. Mais elle ne fonctionne que dans son volume mondial. Et dans le volume du Niveau suivant, l'involution de son Niveau va agir avec les mêmes restrictions.

Souvent, la cause de l'involution peut être le mauvais choix fait dans le monde par les âmes qui y habitent. Cela vaut pour les mondes inférieurs. Dans la poursuite de la liberté et de la mauvaise définition des objectifs de développement, les êtres dérapent hors du contrôle des autorités publiques et commencent à faire tout ce qu'ils veulent. Comme ils ont peu d'intelligence, ils ne sont capables que détruire. Ainsi commence la destruction d'absolument tout ce qu'ils ont construit. En même temps, ils croient qu'ils se battent pour la vérité, pour leurs droits mais en fait la destruction de ce qui a été créé auparavant a lieu, de sorte qu'ils finissent par détruire leur environnement normal et que son absence les détruit.

Si l'involution concerne, par exemple, une grande structure mondiale comme une galaxie, elle affecte, alors, de nombreuses unités individuelles qui font partie d'elle. Tout d'abord, c'est le déclin de la galaxie qui commence, les processus d'accumulation sont ralentis, et puis la destruction progressive des formes particulières commence. Les planètes et les étoiles sont détruites. Commence ensuite le déséquilibre des structures spatiales. Le déclin se termine par leur mort. En conséquence, tout ce qu'il y a dans la galaxie, meurt.

L'involution sous diverses formes d'existence se produit également individuellement.

Chapitre 4
L'orientation qualitative de l'intuition humaine

L'humain connaît bien l'intuition. Il est bien conscient de l'intuition des animaux, des individus, il est même capable de voir le commencement de l'intuition en lui-même.

L'intuition, c'est la capacité de l'humain à anticiper quelque chose dans l'avenir. Mais cela ne doit pas nécessairement être associé aux événements de la vie, l'intuition est différente et peut se développer en qualités humaines. Ainsi, un mathématicien est capable de prévoir le développement des processus mathématiques et de les voir dans les conditions définitives. Le philosophe et mathématicien grec Pythagore, par exemple, il prédisait que le monde entier est composé de chiffres et de formes géométriques. C'était une prévoyance très lointaine (il a vécu 570-490 avant J.-C.) ce que nous n'avons que maintenant confirmé avec les informations qui nous sont données par les Enseignants Supérieurs. (Livre « Le phénomène de l'âme » chapitre 6). Les Supérieurs ont dit que notre monde physique avant qu'il ait été créé, il a d'abord été calculé et construit géométriquement. Donc, la prévoyance du philosophe s'est avérée précise. Pythagore avait une intuition lointaine, il a pu prévoir l'apparition d'un tel savoir, plus de 2500 ans plus tard.

De nombreux scientifiques font des découvertes en raison de leur intuition, ce qui leur permet de se pencher sur l'avenir lointain et de créer ce qui est nécessaire pour le développement des générations futures. Il y a quelques années, un scientifique américain a rapporté que le temps est une substance en développement. Et nos informations confirment cette déclaration.

Chez les artistes et les écrivains, l'intuition leur permet d'anticiper les événements futurs. (Comment cela fonctionne pour anticiper les situations, voir le livre « Révélation du Cosmos » chapitre 13, section « La conscience et les contradictions de l'âme »). Un artiste peint ce que, comme on dit, lui vient à l'esprit, mais les thèmes de ses peintures sont devenus réalité dans la vie. L'intuition des auteurs de science-fiction est particulièrement développée. Plus d'une fois, ils ont décrit des événements avec une précision étonnante, qui se sont déroulés cent ans plus tard. C'est ainsi que le naufrage du « Titanic » a été décrit.

Certains auteurs se penchent sur le passé et décrivent ce qui se passait dans d'autres civilisations il y a des milliers d'années, comme Swift qui a écrit un livre de science-fiction « Les Voyages de Gulliver » (île flottante). Mais les Enseignants Supérieurs ont confirmé que cela s'est vraiment produit dans une des civilisations terrestres. Craignant la destruction de la planète, les gens ont construit une île flottante sous un dôme qui conserve la bonne atmosphère, et se sont envolé au loin vers un endroit sûr que les Enseignants Supérieurs ont indiqué.

Certaines personnes, pour la plupart des médiums, sont en mesure de lire intuitivement certaines informations dans les yeux, les mains, les expressions faciales d'une autre personne et même par l'intonation de sa voix.

Ainsi, tout cela suggère que l'intuition a a une direction qualitative de construction. Quand l'individu développe une connaissance professionnelle, et parallèlement, il développe l'intuition de qualité appropriée (mais à condition que l'on aime approfondir l'essence des choses et des phénomènes, sans attitude sérieuse face à l'égard de la connaissance, rien ne fonctionnera).

La structure subtile des gens qui ont de l'intuition, est différente de la structure des gens ordinaires. Leur structure est plus compliquée. Si nous parlons des organes physiques qui aide le processus de l'intuition, ce sont le cerveau, les yeux et le cœur. Curieusement, c'est le cœur qui commence à faire mal quand on a un pressentiment de certains événements tragiques.

Les yeux aident généralement à collecter certaines données de l'environnement, ces données peuvent aller en plus dans la conscience humaine, directement au cerveau, puis de là, des impulsions sont délivrées au cœur qui génère les sensations correspondantes. Certes, les impulsions du cerveau vont dans différentes parties du corps humain, mais elles sont ressenties principalement par l'organe le plus sensible

aux énergies, qui est le cœur. Par conséquent, une mère sent toujours en avance quand quelque chose de mauvais peut arriver à son enfant, s'il va dans tel ou tel endroit ou s'il part en voyage là où il y a un danger qui le guette.

Cependant, l'intuition est capable de donner de fausses informations si elle est à un stade précoce du développement. Par conséquent, les peurs qui tourmente parfois un individu, ne sont pas justifiées. En outre, l'intuition peut aussi donner à l'individu plusieurs options et, en les choisissant, il peut aussi se tromper en raison du manque d'expérience.

Les conditions de vie, la maladie, le stress, les exercices spéciaux et le niveau de la spiritualité conspirent au développement de l'intuition de l'humain ordinaire.

En cas de danger, l'intuition se déclenche aussi car elle mobilise des forces pour l'auto-préservation. L'intuition des jeunes âmes durant les moments de danger, peut être mélangée avec des impulsions venant de leur Maître Céleste qui est également intéressé à ce que son élève traverse une situation difficile, afin qu'il puisse résister aux circonstances ou aux mauvaises personnes.

L'intuition interne relative aux événements futurs de la vie vient généralement du programme humain. L'âme est liée au programme de vie qui est dans les structures subtiles de l'individu, ou plutôt, elle est en permanence connectée avec ses situations afin de se développer sur cette base, donc, l'âme ressent son programme.

Parfois, un individu ordinaire parvient à prévoir les événements futurs de sa vie. Dans ce cas, il semblerait, qu'il est en mesure d'influencer leur résultat mais en réalité cela ne se produit pas, et l'individu obtient ce qui est prévu dans son programme. Prenons des situations dont un individu pense qu'il les a attirés à lui-même par ses pensées constantes de telles choses. Par exemple, l'individu pense souvent qu'il pourra avoir un accident de voiture, car il a vu une situation similaire à la télévision et il ne peut pas l'oublier. Il n'arrête pas d'y penser d'un mois à l'autre, et finit vraiment par avoir un accident.

Bien sûr, il n'a pas pu attirer une telle situation, car elle était enregistrée dans le programme de sa vie et, quand il a vu quelque chose de similaire à l'écran, les énergies des mêmes situations sont entrées en résonance, ce qui a augmenté le sentiment d'événements. L'intuition s'active sous l'action de la résonance. Elle permet de vous concentrer sur un événement similaire.

Parfois, le Déterminant envoie des impulsions d'avertissement à son élève, qui contribuent également à attirer l'attention sur une situation pour son analyse. Mais comme elle est écrite dans le programme, l'individu ne peut pas l'éviter ni le changer. Le Déterminant envoie des impulsions pour adoucir les coups du destin. C'est une chose quand quelque chose se produit de façon inattendue, et tout à fait une autre chose quand on se prépare mentalement pour l'événement. Cela peut nous permettre de le passer dignement.

Afin d'éduquer et de développer l'âme des meilleures qualités, les Enseignants Supérieurs ne conseillent pas d'adoucir les événements de la vie, ni d'éliminer les difficultés des situations, car dans ce cas, l'âme  n'acquiert pas les qualités nécessaires. Cela suggère que la situation difficile se répétera dans le futur (peut-être, dans la prochaine vie) afin de compléter la qualité souhaitée de l'âme aux indicateurs requis. Autrement dit, un individu, en évitant les difficultés ou les dangers, prolonge finalement ses épreuves. Donc, il vaut mieux de ne pas atténuer ni éviter les situations mais de les passer raisonnablement et avec dignité.

L'intuition aide l'esprit humain à faire face aux défis de la vie. Par exemple, elle aide souvent les enquêteurs expérimentés dans le système judiciaire. Ils peuvent aller à l'encontre des fausses preuves fournies par les témoins et être plus proches de la vérité, c'est-à-dire que, ce n'est pas la raison, mais l'expérience intuitive du passé qui les aide.

Cependant, le fait que grâce à l'intuition, l'humain est capable de résoudre rapidement un problème, cela ne signifie pas que dans la vie de l'humain, l'intuition est supérieure à la raison. À l'avenir, quand l'humain atteindra les hauteurs de développement spirituel, elle va jouer un grand rôle mais la raison de l'humain reste primordiale dans cette vie terrestre. Après tout, la vie a toujours plusieurs variantes d'événements, et l'intuition est généralement connectée à une seule version du programme, elle ne peut pas être connectée à plusieurs à la fois.

La raison sans être relié au programme, est capable d'élaborer plusieurs options pour les conséquences possibles d'un événement. Elle peut analyser, comparer, mettre ensemble les matériaux nécessaires, inclure la logique, en revanche l'intuition n'en est pas capable. Elle donne toujours la version finale (celle qui semble la plus probable). Cependant, elle a une autre caractéristique : s'il s'agit d'une intuition créatrice, alors elle est capable de fournir le meilleur résultat, et si cela concerne des événements de la vie, alors le plus souvent elle donne le pire résultat final (montre le pire qui puisse arriver à l'humain en cette situation donnée ou inattendue). Donc, sur le plan terrestre, l'intuition ne peut jamais remplacer complètement la raison humaine.

Mais dans la sixième race, son rôle dans la vie humaine augmentera. L'humain sentira son programme plus intuitivement, ce qui lui permettra de l'effectuer avec plus de précision. En outre, cela aidera l'humain de l'avenir à moins dévier vers la version indésirable du programme par les Suprêmes, à savoir, elle permettra d'éviter le choix erroné des voies du développement. L'âme sera capable de sentir intuitivement la meilleure option du programme pour la réalisation de son objectif le plus rapidement.

Cependant, lors de la transition de l'âme vers la hiérarchie de Dieu, l'intuition au fur et à mesure qu'elle se développe, vient au premier plan, car elle se développe et se transformant en une propriété de connaissance spéciale du monde, de ses processus et de la poursuite du perfectionnement de l'âme.

La mort de hautes personnalités sur Terre

La mort des gens est individuelle. Cependant, il existe de nombreux points communs dans la mort des individus appartenant au même Niveau de développement. Les personnes de faible niveau meurent dans certaines situations, les moyennes dans d'autres, et les hautes dans d'autres. Mais nous allons parler de la mort des âmes élevées des missionnaires, des messagers, des plus hauts enseignants de  l'humanité ici sur Terre, des essences, comme par exemple, le Dalaï Lama, Sai Baba, etc. Parmi les humains, il y a beaucoup de hautes personnalités qui indiquent aux masses, la principale voie du développement. Posons-nous la question : est-ce que leurs âmes passent par les mêmes couloirs, les tunnels du Distributeur, la salle d'attente, les tribunaux et d'autres processus par lesquels l'âme d'une personne ordinaire est obligée de passer ?

La mort, ou le passage d'un monde à un autre, est un vaste sujet de discussion et de connaissances, il est toujours possible de trouver quelque chose de nouveau.

Pour les âmes plus élevés, la mort dans le monde physique est le début d'une nouvelle vie, car ils ne vont plus se réincarner sur la Terre, ayant accompli leur chemin de développement dans le monde physique. Même le Dalaï Lama a déjà informé ses disciples qu'il ne s'incarnerait plus sur notre monde. Toutes les nations ont achevé un certain cycle de développement. Ce qui divise les gens ; la nationalité, sera supprimée, et toutes les meilleures âmes de différents peuples et nations commenceront à s'incarner en une seule et même forme humaine de la sixième race. Ils représentent un tiers de la population existante, ce qui est confirmé par notre Bible. Dans le cadre de cette restructuration, la nécessité d'envoyer à la Terre un grand nombre d'âmes plus élevés comme les messagers et missionnaires va disparaître. Par conséquent, le Dalaï-lama sait déjà à l'avance qu'il n'aura rien d'autre à faire sur Terre, il passera au-dessus et continuera son chemin d'évolution depuis le Niveau d'où il est venu dans le monde physique.

Mais quelles particularités attendent le Dalaï-lama et les autres hautes personnalités lorsque l'enveloppe physique est jetée et 'ascension de l'âme vers le haut ?

À titre de comparaison, rappelons-nous comment une âme ordinaire se déplace. Elle entre dans le couloir menant à un Distributeur à l'aide des champs de forces spéciaux qui la attire dans le tunnel, comme un aimant, puis elle se déplace automatiquement vers le haut, tout en passant à travers les couches de filtrations de purification qui commencent déjà dans le tunnel à effectuer la purification primaire. Les couches de filtrations sont disposées autour de la Terre de telle manière qu'aucune âme à faible potentiel ne peut sortir de la planète, son espace proche. Tout cela est basé sur les lois spécifiques de la matière physique et subtile.

Cependant, les âmes très élevées n'entrent pas dans le tunnel du Distributeur qui collecte les âmes dans les couches inférieures de la Terre. Par conséquent, nous pouvons nous poser la question suivante : Pourquoi une âme plus élevée n'entre-t-elle pas dans le tunnel du Distributeur ?

Il faut se rappeler que sur la Terre, dans son plan subtil, il y a trois Distributeurs qui travaillent pour trois races : noire, jaune et blanche ; ce qui signifie que chacun d'eux travaille strictement pour une gamme spécifique d'énergies. Les énergies d'une gamme ne se mélangent jamais avec les énergies d'une autre gamme. Ce sont leurs propriétés. Elles sont capables de se développer, d'augmenter leur ordre (fréquence, niveau de développement) et de passer d'un Niveau à l'autre, mais elles n'interfèrent jamais avec d'autres énergies.

Chaque race est conçue pour sa propre gamme d'énergies. Par conséquent, ces âmes sont indubitablement attirées dans les tunnels qui sont construits sur la gamme d'énergies appropriée (correspondante). C'est-à-dire que l'âme d'un représentant de la race jaune, qui est composée d'énergies d'une autre gamme, ne peut en aucune façon entrer dans le tunnel-ascenseur des âmes de la race blanche, qui est accordé à sa gamme d'énergies. Les installations "magnétiques" ne les attireront pas. Elles ne peuvent qu'aller seulement dans le Distributeur dont le tunnel est construit pour attirer les âmes qui sont dans sa gamme d'énergies. Autrement dit, les tunnels réagissent à la qualité de l'énergie, à sa fréquence (Niveau ou gamme), ainsi qu'au potentiel énergétique de l'âme.

Nos Créateurs ont construit chaque Distributeur sur la base d'un potentiel maximum spécifique des âmes, car ils savent quelle valeur du potentiel, l'âme humaine doit acquérir pour un certain stade du développement. Et l'orientation sur la valeur du potentiel (dans sa limite supérieure) des tunnels-ascenseurs et du Distributeur lui-même indique que les âmes ayant un faible potentiel ou, au contraire, avec un potentiel (très) élevé, ne pourront pas y entrer.

Revenons maintenant aux âmes des messagers et des missionnaires.

Le passage dans le monde subtil des hautes personnalités de la Terre se produit par l'effusion de l'enveloppe physique, à savoir, par la mort du corps matériel. L'âme rejette son enveloppe mortelle et c'est la fin de l'une et le début d'un autre, le début de l'éternel.

Immédiatement, les hautes âmes rejettent rapidement leurs enveloppes temporaires. Elles n'ont pas comme cette situation chez les âmes ordinaire : enlever la première enveloppe éthérique en trois jours, la deuxième enveloppe astrale en neuf jours, et la troisième enveloppe mentale en quarante jours. Les âmes plus élevées n'ont pas de tels termes, tout se passe automatiquement et à une vitesse fulgurante. Puisque les hautes âmes ont un potentiel très puissant que "l'aimant" du tunnel conçu pour les potentiels faibles ne serait tout simplement incapable d'attirer, alors les âmes très élevées voleront instantanément au-delà tous les tunnels et les distributeurs.

D'ailleurs, il convient de noter que les âmes à haut potentiel ont une énorme vitesse de déplacements dans l'espace. En s'échappant des chaînes de son enveloppe terrestre, l'âme se précipite vers le haut avec une telle vitesse qu'elle ne peut pas contrôler la direction de ses mouvements en raison de l'énorme différence des potentiels des couches physiques de la Terre et de la puissante énergie de l'âme appartenant au monde Supérieur. Toute gestion de son vol à une telle vitesse devient tout simplement impossible jusqu'à ce que l'âme pénètre dans les couches de l'énergie qui lui correspondent en termes du potentiel énergétique.

Par conséquent, les Enseignants Supérieurs qui surveillent ce processus d'élévation de l'âme élevée, prennent des mesures spéciales pour protéger une telle âme. La protection est donnée à une haute personnalité avant la mort de son corps physique, puisque le Déterminant connait l'heure et les minutes de sa mort.

La protection ressemble à un scaphandre. Elle se réunit avec l'âme de l'humain au moment de sa mort, ou avant, quand le corps physique n'est pas encore abandonné. Étant donné que le scaphandre de protection est constitué d'un matériau subtil, la présence du corps physique n'a aucune importance. Le scaphandre est une construction temporaire qui aide l'âme à atteindre facilement l'endroit nécessaire, c'est-à-dire, au Niveau où les Suprêmes l'attendent déjà. Tous les tunnels et Distributeurs restent à l'écart, l'âme d'un missionnaire ou d'un messager détourne ces structures.

Les âmes terrestres des gens ordinaires ne peuvent pas s'élever au-dessus du Distributeur à cause de leur faible potentiel. Seules les âmes des missionnaires et messagers volent plus rapidement que toutes les fusées terrestres vers les mondes Supérieurs, qui sont en dehors de l'univers physique et d'un certain nombre de mondes subtils. Leur chemin est beaucoup plus grand, dans la distance, que celui d'une âme terrestre. Par conséquent, il faut beaucoup plus de temps pour voler.

Beaucoup de personnes ordinaire qui résident dans les mondes subtils, que l'âme du messager traverse, essaient également de pénétrer dans le monde Supérieur, et tentent de s'accrocher à l'âme qui les dépasse. Elles n'ont pas assez de leur propre potentiel pour s'élever vers le haut, c'est pourquoi elles chassent les âmes hautes, en essayant d'utiliser les énergopotentiels des autres, pour pénétrer avec elles dans le monde Supérieur. Mais le scaphandre de protection les empêche de se cramponner à l'âme plus élevée.

Pour toutes les âmes plus jeunes, le monde Supérieur est caché, seuls des codes spéciaux sont capables d'ouvrir les portes aux âmes hautes qui sont sur le point de les atteindre. Après sa mort, l'âme d'un missionnaire ou d'un messager avec le scaphandre, reçoit les codes pour entrer dans le monde Supérieur. Les codes eux-mêmes sont dans le scaphandre. Mais seuls les dignes seront amener à l'endroit prévu, c'est-à-dire, que ce seront ces âmes qui ont rempli correctement leur mission. Après tout, parmi les messagers, il y a aussi ceux qui s'écartent de l'accomplissement de leur objectif principal, étant tentés par les avantages, la gloire ou autre chose. Tous ceux qui n'ont pas accompli ou n'ont pas rempli leurs tâches seront rencontrés par des Personnalités Supérieurs spéciales au seuil de ce monde, et ils rendront compte de tous leurs écarts par rapport à l'objectif principal et de leurs erreurs de travail.

Cependant, de grandes tâches sont données à des âmes persistantes à accomplir qui atteignent généralement le résultat souhaité. Les hautes personnalités répondent toujours aux exigences des Supérieurs.

Et seuls les déchus qui se complaisent dans la bienveillance et les tentations, qui croient en leur impunité et leur innocence, qui couvrent leur cruauté par l'illusion de la piété, qui seront découverts par le Jugement Suprême, ils apprendront que telle ou telle de leurs actions est considérée comme bassesse et saleté par les Supérieurs, ils souffriront pendant longtemps de la conscience de leur impureté et de leur incapacité à atteindre les objectifs fixés.

Si plusieurs âmes élevées sont envoyées à la fois pour exécuter une mission, dès qu'une Personnalité de ce groupe réalise l'objectif et que la mission est considérée comme terminée, alors, tous ses autres doubles sont retirés du plan terrestre presque simultanément. Autrement dit, ils meurent les uns après autres dans un court laps de temps, et tous s'élèvent en haut pour faire le rapport au Chef Suprême qui leur a confié cette tâche.

Par exemple, le Christ avait 10 doubles (ce ne sont pas des apôtres mais d'autres missionnaires qui sont inconnus aux gens), mais il a été le premier à remplir sa mission, et après sa mort, tous les autres ont également été enlevés de la Terre dans un court laps de temps.

Seules les âmes très élevées qui ont accompli leur mission jusqu'à la fin, vont à Dieu. Elles fournissent des lignes directrices pour le développement de l'humanité sur de longues étapes, comme les âmes du Christ, Bouddha, Krishna, etc., qui ont fourni les bases du développement spirituel pour une certaine période de temps.

Seuls les élus qui ont accompli adéquatement leur programme sur Terre, vont à Dieu. Tous ceux qui présente des écarts dans l'exécution de la mission, sont punis. Ce sont non seulement les âmes des humains ordinaires qui sont responsables de leurs actions, mais aussi les âmes des missionnaires et des messagers. Dieu lui-même considère les situations de leur vie, et révèle ce qui a été accompli ou pas. En même temps, la vie quotidienne ordinaire n'est pas prise en compte, mais uniquement les situations qui ont conduit à la réalisation des objectifs.

Selon l'évaluation du travail accompli, Dieu dirige ces âmes vers ses hauts mondes, mais il y a certains qui vont plus bas (qui ont commis des erreurs) et d'autres – qui vont plus haut (qui ont accompli le plus fidèlement possible leur programme). Mais toutes ces distributions se déroulent dans la Hiérarchie même de Dieu.

En même temps, toutes les autres âmes terrestres restent dans l'espace proche de la Terre, c'est-à-dire, sont situées beaucoup plus bas. L'humain doit imaginer que les âmes terrestres ordinaires et les âmes des messagers et des missionnaires sont séparées par des distances énormes dans le monde subtil. C'est dans ce monde terrestre qu'ils étaient ensemble, mais dans le plan subtil, ils ne seront plus jamais en contact les uns avec autres.

Bien sûr, pour les humains, la mort semble toujours terrible, mais pour les âmes élevées, c'est le salut de toute la bassesse qui déborde du plan terrestre. Dans le monde Supérieur de Dieu, n'entrent seulement que les missionnaires et les messagers. Ils étaient déjà là avant de descendre sur le monde terrestre. Ils s'adressent à des personnes de haut niveau pour leur transmettre certaines connaissances ou pour fixer de nouveaux objectifs de développement.

Mais certaines personnes religieuses croient qu'après la mort, elles sont aussi capables d'aller directement au premier Niveau de la Hiérarchie de Dieu. Toutefois, cette opinion est erronée.

La plupart des gens passent par les Niveaux de développement terrestres simultanément ou avec un léger retard, mais cela se stabilise après un certain temps. Puisque l'humanité moderne n'a pour le moment atteint que le quarantième Niveau (Niveau général de l'humanité), alors même une haute personnalité terrestre doit encore passer à travers les soixante autres Niveaux de la Hiérarchie terrestre afin d'atteindre le premier Niveau de la Hiérarchie de Dieu après avoir perdu son enveloppe physique. Donc, c'est simplement impossible pour l'humain ordinaire de se rapprocher de Dieu.

Seule la diligence et le travail constant et conscient sur le perfectionnement de l'âme peut accélérer le processus de l'ascension.

La gloire est-elle nécessaire pour tous ?

Pourquoi certaines personnes, en particulier les artistes, se développent-elles dans un halo de gloire ? Est-ce que cela ne les gêne pas ? La gloire aide à bien vivre mais gâte l'âme. Ceci est bien connu de tous. Mais réfléchissons, tout le monde en a-t-il besoin et tout le monde la poursuivent ?

Ce n'est pas si facile de gagner la gloire. L'humain doit se rappeler qu' « il faut payer pour tout dans la vie» et pour la gloire également. La gloire est organisée sur le plan subtil par plusieurs Enseignants Supérieurs. Par conséquent, les organisateurs reçoivent l'énergie du Déterminant de la personne qui leurs conviennent.

Si un individu a gagné l'énergie nécessaire dans les incarnations passées, il se développe tranquillement dans la gloire sans bouleversements particuliers. S'il n'a pas de telles accumulations d'énergies spécifiques ou que son âme est du type cosmique (n'a pas d'accumulations terrestres d'énergies physiques), alors il doit accumuler certains types d'énergie spécifiques afin de payer sa gloire sur le plan subtil. L'accumulation est faite à travers les difficultés et les épreuves.

Mais tournons-nous vers le type des âmes terrestres. Par exemple, un jeune homme est entré sur la scène, et les gens ont commencé à le reconnaître dans la rue, une série de tragédies et de troubles sont arrivé dans sa vie. Sa mère meurt subitement, un an plus tard, son père meurt, puis il perd son frère et il reste complètement seul sans comprendre pourquoi il est puni. Ceci est le paiement pour sa gloire future, et parfois pour la gloire du passé.

La plupart des artistes, des chanteurs célèbres ont une vie

marginalisée, ils convergent avec des partenaires pour une vie familiale et divorcent aussitôt, puis intentent pour les enfants, ou les biens. Des trahisons constantes, des infidélités, la mort subite des enfants dans des accidents de voiture et des maladies persécutent de nombreuses personnes qui sont devenus célèbres. Pour les natures subtiles, c'est une grande souffrance. Combien d'epreuves tombent sur leurs âmes ! Parfois, il faut même payer pour la gloire posthume. Par exemple, au cours de sa vie, une personne n'avait pas de gloire singulière mais vécu difficilement, dans la solitude, et après sa mort, elle est devenue célèbre. Tout cela a à voir avec le chemin qu'ils ont choisi pour être dans la gloire. La souffrance, l'expérience, la peine, l'angoisse mentale aident à acquérir l'énergie nécessaire. Par conséquent, les artistes qui s'engagent sur le chemin de la gloire doivent se rappeler qu'ils devront payer par la souffrance, la solitude, une vie instable, parfois la perte de parents et de proches, et dans le meilleur des cas par la perte des biens.

Cependant, la gloire a non seulement des côtés négatifs, mais aussi des côtés positifs. Bien que la personne renommée puisse développer certaines qualités négatives, elle se transforme en modèle pour les jeunes âmes.

La gloire est un moyen d'éduquer les masses en utilisant l'exemple de développement de quelqu'un d'autre.

En voyant la beauté extérieure des relations et des manifestations des talents humains, leur reconnaissance et les bienfaits de la vie matérielle, les jeunes âmes empruntent également le chemin des études et s'efforcent d'atteindre l'objectif. Il leur est difficile de se fixer d'autres objectifs, comme par exemple, devenir scientifique, architecte, pilote, elles ne sont pas prêtes pour cela mais elles peuvent suivre le chemin pour devenir acteur, chanteur de pop. En ce sens, leur développement va dans la bonne direction. Ainsi, la gloire d'une autre personne pousse de nombreuses jeunes âmes à choisir la bonne voie du développement.

En ce qui concerne les hautes personnalités, elles ne nécessitent pas de la gloire. Combien de merveilleux scientifiques, d'ingénieurs et de mathématiciens très intelligents nous avons sur Terre qui construisent des vaisseaux spatiaux et de vastes complexes industriels, combien d'architectes qui sont déjà prêts à créer les villes extraordinaires du futur. Ils restent tous dans l'ombre, étant connus d'un cercle très restreint des mêmes spécialistes de haut niveau qu'eux.

Les hautes personnalités n'ont pas besoin de gloire parce qu'elles comprennent à quoi elles servent. Elles ne nécessitent pas d'être félicités, ni qu'on écrive sur elles dans les journaux hebdomadaires et magazines. Elles comprennent qu'au cours du perfectionnement, chaque individu pourra obtenir le même résultat car ce n'est qu'une question du temps. Et tout le tapage autour de quelques qualités humaines, de son talent est une mesure nécessaire pour inspirer d'autres à développer les mêmes qualités en soi.

L'influence de l'information sur l'humain

L'humain n'aime pas la dure vérité. Il peut se comporter honteusement mais il considère l'évaluation négative de son comportement comme une terrible insulte. Par conséquent, il est souvent nécessaire de rechercher des mots spécifiques pour lui dire qu'il ne se comporte pas correctement.

Beaucoup de gens préfèrent un mensonge voilé qui atténue des circonstances à la dure vérité. Des informations flatteuses, dans lesquelles 80 pour cent de mensonge racontés sur un individu sont accepter comme vérité.

Laquelle de ces deux caractéristiques préférerait-t-il ? L'un dit de lui qu'il juge mal les gens, qu'il est avide et lâche, et l'autre dit qu'il n'a pas de compétence et donc ne comprend pas les gens, qu'il est économique et prudent. Il est naturel que l'individu soit offensé par la première caractéristique, et il n'acceptera jamais ses traits négatifs, tandis que les caractéristiques de la deuxième variante le flattera, et l'individu va sincèrement les accepter comme vérité sans comprendre correctement les nuances de définitions.

L'humain ne tolère pas la vérité sur lui-même. Cela nécessite une approche particulière, appelée diplomatie. Mais, comme nous l'avons déjà écrit dans le livre « Vivre dans le corps de quelqu'un d'autre », la diplomatie permet une part de tromperie et réside dans les méthodes de refus polis et de maintenir une forme de relation polie. Si nous écrivions tous nos livres, en nous appuyant sur le langage diplomatique et maintenions, pour ainsi dire, les variantes correctes dans certains de nos phrases fortes pour ne pas effrayer la partie stupide et lâche de la population de cette planète, alors l'information perdrait toute valeur et cesserait de porter en lui, la valeur de l'énergie qui est prévue dans la sincérité et la véracité de la présentation.

En outre, pendant les contacts, il nous a été répété à maintes reprises qu'aucun mot, et encore moins une phrase, ne peuvent pas être remplacés par d'autres car cela perturbe la structure énergétique des textes. Par conséquent, nos travaux doivent aller au lecteur sans distorsion des textes et des mots individuels, c'est-à-dire sans corrections et relectures. Tout doit rester dans la forme qui a été donnée au départ. C'est l'exigence des Supérieurs, qui impose certaines responsabilités à tous les éditeurs de livres.

Certains lecteurs à l'esprit en désordre font des commentaires qu'il n'y a pas de distinction claire entre les informations données par les Suprêmes et les nôtres, publiées comme une opinion personnelle sur cette nouvelle information ou processus. Mais peut-elle, l'opinion d'une personne, d'un contacteur ou d'un écrivain, peut-il différer des exigences des Supérieurs, qui passaient par leur conscience toutes les informations choquantes primordiales du nouveau siècle, s'ils en étaient trempé comme une éponge avec de l'eau. Si les nouvelles connaissances affectent miraculeusement les lecteurs en une courte période de leur connaissance, alors les auteurs se sont déjà construits en pleine conformité avec les exigences des Supérieurs. Par conséquent, leur opinion reflète également l'opinion des Enseignants Supérieurs de l'humanité.

La conscience du contacteur qui passe à travers lui-même des flux d'informations élevées, est imprégnée de hautes énergies et qui est entièrement conforme avec son potentiel, et par conséquent, dans sa véritable compréhension. En outre, il existe généralement une distorsion à cause de la transmission des connaissances d'un Niveau à l'autre. Dans ce cas, le contacteur les perçoit à partir de la source d'origine, donc sans distorsion. La structure spéciale du contacteur permet de transformer les connaissances transmissent dans une partie de sa conscience et son subconscient, ce qui rend sa présentation aussi proche que possible de la vérité qu'énoncent les enseignants Supérieurs.

Les connaissances des hauts Niveaux et des énergies supérieurs exerce une influence puissante sur l'humain et provoquent une restructuration radicale. Grâce aux nouvelles connaissances, les gens obtiennent un canal vers leur Déterminant et aux superpuissances telles que la clairvoyance, la télépathie et la capacité de guérir avec les énergies. Nous ne parlons même pas de la conscience qui est modifiée à 180 degrés. Il faut voir et comprendre que ces informations puissantes sont capables d'agir même à travers les livres, autrement dit, il est nécessaire d'éveiller chez les gens des sentiments élevés, de la force d'esprit et de découvrir des superpuissances en eux. Ce sont des connaissances vivantes, c'est comme de l'eau vive, qui affectent le lecteur, éveille son âme à une nouvelle vie, en nettoyant sa structure interne des énergies basses et sales ainsi que des situations accumulées du passé et aide à assimiler de nouveaux concepts qui construisent un monde intérieur riche de l'humain de la future sixième race.

La connaissance travaille avec l'humain, reconstituant sa spiritualité car c'est l'accumulation par l'âme, ses enveloppes subtiles, d'une gamme d'énergie haute liée au prochain Niveau de développement. Cette information, pour la première fois, amène l'humain à prendre un nouveau regard sur lui-même, au monde qui l'entoure et à réfléchir sur les perspectives d'un développement évolutif sans fin. Notamment nos connaissances montrent pour la première fois à l'humanité le chemin du perfectionnement infini et d'ouvrir les portes de l'éternité, mais pas comme une unité inactive et paresseuse appréciant le paradis, mais comme une Personnalité créative, créant des mondes, des étoiles, des univers. Et c'est particulièrement important pour l'âme, qui commence à se sentir non pas comme un esclave des circonstances, mais de cette force créatrice qui crée elle-même ces circonstances. Mais toute cela sa puissance ne vient pas par d'elle-même, mais par le grand travail de l'âme, la cognition, la connaissance et le travail de la pensée.

L'individu qui a correctement assimilé les nouvelles connaissances, entre dans un état altéré et commence à voir le monde différemment de l'humain ordinaire qui ne les connaît pas. Il commence à comprendre l'essence des phénomènes et des processus du monde, il commence à voir les conséquences de ses propres actions et de celles des autres. Le lecteur forme une nouvelle vision du monde, une compréhension correspondante à la vision du monde de l'humain du futur.

L'humain moderne qui ne connaît pas les nouvelles connaissances, vit dans une compréhension utopique du but de sa vie et du but de l'existence de la Terre. (Après tout, personne ne peut dire pourquoi lui et la Terre sont apparu dans notre univers, car l'humain est très loin de la vérité de la compréhension des processus réels). Par conséquent, les concepts utopiques et les objectifs de vie déformés, bloquent l'esprit de l'humain, de comprendre le nouveau ainsi que parfois les Suprêmes doivent secouer l'humain avec l'aide d'accidents, de catastrophes d'origine humaine et des catastrophes naturelles afin de détruire le caractère illusoire des concepts et de faire réfléchir à ce qui se passe et ainsi à se préparer à la perception de nouvelles connaissances. Après tout, beaucoup de gens commencent à lire des livres sur l'âme et l'éternité que dans un lit d'hôpital ou dans un fauteuil roulant.

Seul un choc psychologique puissant, amène l'humain à prendre un nouveau regard sur sa vie et commencer à chercher des réponses dans les livres. Et nous sommes heureux de leur donner les informations que Dieu et les Supérieurs envoient à travers nous à toute l'humanité. Nous tendons notre main à travers les livres à tous ceux qui veulent connaître la vérité, afin de les conduire vers un avenir lointain.

Le projet de transmission de ces connaissances a été préparée dans les plans Supérieurs depuis plusieurs centaines d'années afin de dynamiser l'énergie alimentant les enveloppes subtiles de l'humain et d'augmenter le potentiel énergétique de son âme à une valeur qui lui permettra de faire la transition vers un Niveau plus haut de développement, dans le monde de la gamme d'énergies plus élevée que la présente.

Chapitre 5
LA CONSCIENCE DU "MOI"

Chaque être vivant considère son individualité comme quelque chose de séparé du monde environnant, comme une unité privée, et tente de se protéger de toutes ses forces contre les empiétements sur lui-même par d'autres unités privées. La grenouille, en apercevant une personne, cherche à se cacher au fond de l'étang, l'oiseau se cache dans les branches d'un arbre. Même une mouche ne peut pas être attrapée, car elle a aussi des réflexes qui protègent sa vie. Chaque petite créature se sent séparée du monde en tant qu'individualité unique. C'est une manifestation du sentiment de son « Moi », mais d'une manière moins consciente. Un animal ne dira pas: «Je veux me reposer, ne me dérange pas», mais lorsqu'une personne commence à empiéter sur sa liberté, l'animal commence à se défendre, car son « Moi » individuel veut vivre à sa manière.

Autrement dit, les signes du propre « Moi » existent dans chaque être vivant. Mais le degré de sa conscience est différent pour chacun. Seuls les zombies et les robots n'en possèdent pas.

Un individu se perçoit toujours comme une sensation de son corps physique et de ce qu'il contient. Cependant, en raison du développement  spirituel encore insuffisant, il ne ressent pas les enveloppes subtiles de son âme comme sa propriété. Mais lorsque son âme se sépare du corps mortel, le sentiment de son propre « Moi » demeure et se concentre au cœur de l'âme. Ce « Moi » se met soudain à voler dans le monde subtil et à expérimenter, comme dans le monde physique, certaines sensations d'inconfort, de peur ou de curiosité.

La pratique des décès cliniques des personnes a prouvé que même après la mort, l'âme continue à se sentir comme individuelle et séparée de tout, comme elle le fait sur Terre dans le corps humain. L'individu conserve son propre « Moi » et continue à être conscient de lui-même en tant qu'unité privée dans n'importe quel monde, où que cette âme est envoyée.

Lors du passage pendant les réincarnations du corps dans un autre corps, le sentiment du « Moi » est préservé. Mais en même temps une âme peut avoir des corps différents. Comment est-ce possible ? Il s'avère que dans le corps de l'humain, l'âme ressentira son « Moi », ainsi que dans le corps d'une femme, dans le corps d'un Anglais, et d'un Biélorusse de la même manière. Elle le gardera également dans le corps d'une planète et dans celle d'une étoile.

L'âme est une structure universelle qui peut être placée sous n'importe quelle forme matérielle à l'aide de structures supplémentaires. Si elle habite le corps humain et a la capacité de se réaliser en tant que personnalité pensante, alors la conscience du « Moi » est donnée à l'âme par des sentiments de l'homme, sa matrice des concepts et sa matrice des qualités. Ensemble, elles créent une sensation cohérente de la personne avec un ensemble de toutes les capacités et possibilités de se manifester. L'âme est dans le corps dans une position qui lui permet de voir et comprendre facilement tout ce qui fait partie de l'être humain.

Le « Moi » des Supérieurs se concentre sur un objectif différent. Si le « Moi » de l'humain se concentre sur la connaissance du monde et la protection contre les attaques d'autrui, alors sur le plan Supérieur, les Personnalités sont orientées vers sur le fait d'être nécessaires pour quelqu'un de supérieur pour créer quelque chose de beau ou pour la création de la nouvelle vie. Leurs sentiments et leurs objectifs sont complètement différents que ceux des humains, donc, il nous est difficile de comprendre comment Ils vivent dans leur monde et quelles sont leurs valeurs. Un Déterminant s'est exprimé à propos de ses sentiments du « Moi » :

"Se sentir sur le plan Supérieur, c'est de savoir que Tu existes, et de se sentir à travers chaque particule de l'âme que les Supérieurs ont besoin de toi pour leurs grandes actions".

Bien sûr, nous ne le comprenons pas toujours complétement parce qu'Ils sont dans une forme d'existence différente. Mais cela viendra, les âmes qui progressent comprendront un jour l'état des Supérieurs. Cependant, comparer l'état des Supérieurs et celui des humains est aberrant, car il y a une forte distorsion des concepts.

Par exemple, on a écrit des légendes sur les Dieux qui aimaient le vin (Bacchus), les filles terrestres (Zeus) et qui aimaient prouver la vérité avec leurs poings (Hercules, fils de Zeus). Les humains ont doté les Dieux de leurs vices, en les abaissant au Niveau des pécheurs terrestres. Mais comment boire du vin et aimer les filles, en les prenant comme épouses, si les Supérieurs n'ont pas de corps physique, ils sont alors dans un état subtil de l'énergie, qui n'est pas perceptible par les humains. Il est plus facile pour l'humain de ressentir le contact de l'air que de la Haute Personnalité.

S'ils vont combattre, ils le feront avec des énergies, pas avec leurs poings. Dans ce cas, il y a une forte déformation de la vérité. Les gens ont confondu les extraterrestres arrivant dans les corps matériels sur la Terre avec les Dieux, d'où les concepts erronés. Nous le rappelons pour montrer qu'il est impossible pour l'humain moderne de comprendre les désirs, les aspirations des Supérieurs et leur concept du bonheur.

Compte tenu du fait que la préservation du « Moi » personnel est pour le Cosmo, la loi du développement individuel de toute unité particulier, toute tentative sur l'identité de la personne sous la forme de zombification et de soumission à ses plans mercantiles représente un crime qui est sévèrement puni.

Les spécialistes de la Terre, en développant des armes psychotroniques, ont commencé à produire toutes sortes d'expériences sur les personnes zombifiées. Ils ont appris comment influencer l'appareil de la pensée humaine, à le subordonner à leur volonté afin de l'utiliser dans le travail dont ils ont besoin. Les installations psychotroniques bloquent la connexion du cerveau avec les enveloppes subtiles, isolant ainsi la sensation du propre « Moi » de l'humain, des sensations de son corps physique. Par conséquent, la connexion de l'âme, du « Moi » avec son corps est interrompue, et un autre esprit peut alors contrôler ce corps. Le corps reste spiritualisé par sa propre âme mais est gouverné par un autre « Moi ».

Mais dans ce cas, une violation du programme humain se produit. Celui qui intervient, ne permet pas à la personne zombifiée d'accomplir son programme personnel. Son âme, pour la raison qu'elle vit dans d'autres situations, n'accumule pas les qualités prévues par les Enseignants Supérieurs, envoyant cette âme sur la Terre. Mais Ils continuent de fournir de l'énergie pour sa vie. Il s'avère que ceux qui travaillent avec des armes psychotroniques utilisent l'énergie des

Supérieurs pour leurs objectifs égoïstes.

Ce sont des violations des lois du développement de la personnalité et de se mettre au-dessus des Enseignants qui est punissable dans les deux cas. Les Supérieurs ne tolèrent pas quand les êtres inférieurs se mettent au-dessus d'eux. Les coupables de la violation aux programmes devront eux-mêmes rattraper des énergies qu'ils ont dépensées pour ce qui était prévu par les Supérieurs. Ceux-ci peuvent être des sanctions très sévères. Par conséquent, une personne doit réfléchir aux conséquences de ses actes, si ce n'est pas pour cette vie, mais pour sa vie suivante, afin de ne pas pleurer « Pourquoi moi ? ».

Les signes secrets

L'humain a appris à anticiper certain genre de problèmes dans sa vie avec l'aide de signes mais souvent il reçoit des signes secrets de ses Enseignants qui l'avertissent aussi des événements imminents. Le but de ces signes est de donner du temps pour réfléchir aux événements futurs. Le Déterminant veut que son pupille résolve correctement la situation à venir, ce qui lui permettra d'éviter le travail karmique.

Les signes secrets peuvent se manifester à travers les éléments suivants :

1) Les rêves ;

2) Les pensées qui surgissent de nulle part ; la personne ne pense à rien et soudain une pensée claire la traverse, disant que, par exemple, il ne faut pas attendre du bien de telle ou telle personne mais qu'il faut être prudent ;

3) Les personnes particulièrement douées qui peuvent avoir des visions de tout événement.

L'humain peut prêter attention à ces messages ou les ignorer. Mais s'il les a identifié comme des signes d'en haut, il doit alors les interpréter lui-même en faisant appel à toutes ses capacités. C'est pourquoi ils lui sont donnés à l'avance, afin qu'il ait le temps de les analyser et de prendre la bonne décision.

Beaucoup de gens tentent de résoudre les rêves, car les gens sont déjà convaincus que certains d'entre eux sont importants. Cependant, ils sont souvent montrés de manière allégorique, afin que l'humain puisse les démêler, de sorte qu'il apprenne à travers le symbolisme figuratif pour capturer le sens voilé des événements futurs.

L'humain peut, bien sûr, apprendre à communiquer avec son Déterminant et d'essayer de séparer ses pensées des phrases qui surgissent dans sa tête, envoyées par son Déterminant. Un individu observateur est tout à fait capable de le faire parce que chacun se connaît assez bien et comprend quelles pensées sont les siennes et quelles sont étrangères. Il arrive que la phrase qui apparaît dans la tête semble trop intelligente ou aphoristique, et puisque l'individu lui-même n'en est pas capable, il peut conclure que cette pensée appartient à son Déterminant, pas à lui.

Plus la personne est spirituelle, plus il lui est difficile de confondre ses pensées avec ceux des autres. Autrement dit, les pensées sont divisées en Niveaux. Par conséquent, il est important de comprendre que telle ou telle pensée qui apparaît soudainement dans la tête appartient à un autre Niveau. Des pensées différentes, c'est une énergétique différente, et il faut apprendre à la sentir.

En plus de résoudre correctement les situations de la vie, l'humain doit rendre au cosmos une énergie du plan mental. Et pour le faire réfléchir, les rêves ne sont pas donnés clairement, comme les situations de vie, mais sont cachés par des images allégoriques. Par exemple, si un individu rêve d'un chien, il faut s'attendre à l'arrivée d'un ami, et s'il rêve d'un chat, il faut alors s'attendre à des ennuis.

Quand un individu a besoin de réfléchir pour résoudre des énigmes envoyées d'en Haut, de cette manière, le Déterminant force son pupille à réfléchir afin d'obtenir de sa part, l'énergie de la pensée. Le Déterminant a besoin de former une nouvelle base énergétique. Sa conscience produit un type particulier d'énergie qui est ensuite requis par les Supérieurs pour certains objectifs cosmiques.

Il ne faut pas oublier que l'enveloppe physique humaine est construite pour le traitement de certains types d'énergie en d'autres. Par conséquent, les Supérieurs essaient de s'assurer qu'une telle biomachine ne soit pas inactive en vain et la forcent à travailler de diverses manières. Et à cet égard, les signes secrets commencent à servir plusieurs objectifs : prévenir l'humain d'un événement imminent, contribuer au développement de sa pensée et aider les Supérieurs à obtenir de l'énergie dont Ils ont besoin.

Quant à l'apparition de certaines visions qui prédisent l'avenir, elles sont inhérentes aux gens d'un Niveau plus élevé, qui ont une certaine base de concepts figuratifs. De tels signes secrets surgissent soudainement, comme une inspiration lumineuse de l'humain.

Pourquoi une personne émotive est-elle mauvaise ?

L'humain est une création de Dieu. Mais sa forme matérielle n'est pas apparue par magie, mais sur la base du nombre, du calcul, de la modélisation de la conception, car ils ont créé un organisme très complexe, qui devait non seulement fonctionner pour maintenir les fonctions vitales de l'âme dans le monde physique, mais aussi travailler avec les énergies du plan subtil. Mais pour le distinguer d'un robot, la perception sensorielle a été mise en lui, ce qui signifie que le système nerveux, le système énergétique du plan physique et les organes des sens ont été développés : l'odorat, le toucher, l'ouïe, la vue et le goût.

Avant l'humain, le Système Matériel, qui est engagé dans la création de l'humain sur les instructions de Dieu, a déjà eu une expérience négative de créer des gens sans émotions. Ils ont été déplacés sur une autre planète. Et dans ce monde-là, l'agression a commencé à éclore, la poursuite du pouvoir des uns sur les autres, l'indifférence envers leurs compatriotes. Tout ceci était mauvais, et le Créateur n'en a

pas besoin. Un tel modèle ne correspond pas à Dieu. De telles créatures créent un anti-monde dans les relations d'entre les vivants.

Avec un tel comportement des gens, l'évolution de l'âme était simplement arrêtée, parce que toutes les forces des individus étaient dirigées vers la lutte pour le pouvoir, et le pouvoir visait à asservir leur propre espèce. Rien d'autre n'intéressait personne et rien de nouveau ne pouvait les conduire sur le chemin de la connaissance ou du changement de comportement.

Tout doit être dans la modération : le désir de contrôler et le désir de consommer. Le pouvoir ne doit être utilisé pour dominer, asservir et humilier les autres, s'approprier des biens sans cesse et ne pas avoir le contrôle de soi-même, mais pour entraîner les autres avec soi sur le chemin de la connaissance du monde, afin d'apprendre à bien répartir ses propres forces et les forces des autres, ainsi que les moyens et promouvoir la prospérité du monde.

Compte tenu de toutes les lacunes de l'expérience passée, les

Supérieurs ont créé un nouveau modèle humain, qui a été introduit dans les conditions d'existence de la Terre dans différentes civilisations et a été, en même temps, constamment amélioré. Les expériences constantes ont permis d'augmenter le degré de sensibilité humaine, l'humain pouvait non seulement ressentir la douleur causée par des blessures physiques, mais également la douleur émotionnelle, et ses pensées, grâce à la présence des sentiments, ont commencé à se colorer en un certain ton et à acquérir une certaine coloration sensuelle.

Ce n'était plus un peuple cruel et indifférent mais émotif, capable au fur et à mesure de son développement, de réagir avec sensibilité aux moindres changements dans les relations, des uns avec les autres, et aux changements de la réalité environnante. Il a même commencé à transformer l'information en sensuel. Donc, si nous prenons un texte technique ou scientifique, ce sont des informations qui ne sont pas sensuels mais sèches et concrètes. Si vous prenez des œuvres d'art, qui portent également des informations des plans différents, elles sont imprégnées de sentiments humains. En lisant des livres, le lecteur pleure et rit. Ainsi l'humain a réussi à rendre l'information sensuelle, ce qui sur le plan subtil est l'acquisition de différentes nuances par la pensée. Après tout, l'enveloppe mentale de l'humain pourrait être remplie par un seul type d'énergie de pensée qui, incidemment, l'humain l'imagine comme tel, mais en fait l'enveloppe mentale doit fonctionner à travers tout une spectre d'énergies, le spectre est multicolore, c'est la diversité. Et sans la présence de sentiments et d'émotions, il serait impossible de créer une telle gamme d'énergies chez l'humain.

Les sentiments et les émotions sont capables de donner des nuances particulières à toutes nos enveloppes. Autrement dit, ils sont capables de travailler avec n'importe quel spectre d'énergies. Ils se colorent aussi des énergies spirituelles dans des tons purs et variés. Donc, en raison de la présence des sentiments et des émotions, l'âme humaine a commencé à progresser dans la bonne direction.

Mais ce qui favorise d'abord les progrès à un certain Niveau de développement, commence à se ralentir dans d'autres Niveaux. Et pour le moment, les raisons qui empêchent la progression de l'humain sont déjà identifiées. C'est son émotivité excessive.

L'humain s'est parfaitement acquitté de sa tâche et a développé un ensemble d'émotions vives. Il a commencé à être sensible à l'autre, même aux animaux, le monde avec sa nature belle ou terrible, a appris à faire preuve d'empathie avec la souffrance et à se sacrifier au nom de l'amour pour sa mère, sa patrie, Dieu, etc. Mais maintenant, une faille dans ce stade de développement a été révélé : les gens ont commencé à dépenser des énergies excédentaires pour leurs émotions.

Il est clair que, puisque les sentiments sont développés selon les indicateurs requis, l'humain tente de les utiliser autant que possible dans sa vie. Il pleure sur la tragédie dans un livre, au cinéma ; en pitié des héros qui n'existent pas, il est sensible à tous les mots gentils ou méchants qui lui sont adressés, il est prêt à rire infiniment à une blague d'un ami ou du patron. Autrement dit, tous les sentiments ont fleuri en lui comme un merveilleux bouquet. Mais ce bouquet a commencé à exiger beaucoup d'énergie pour sa réalisation. Après tout, chaque émotion manifestée est accompagnée d'une montée subite d'une grande quantité d'énergie. Un individu rit aux larmes, au regard d'une fille la fièvre monte, un horrible film le fait trembler, et tout cela est le traitement de l'énergie par les émotions humaines pour l'obtention du résultat correspondant en sensations.

Les Supérieurs, en utilisant à nouveau le calcul, ont calculé que l'individu émotif dépense plus d'énergie dans sa vie que l'individu peu émotif. On a découvert un gaspillage d'énergie. Et t Et tout gaspillage nécessite un remboursement, par conséquent, un rattrapage des énergies dépensées par des moyens quelconques. Du coup, le développement des émotions devient non rentable, de sorte que les représentants de la sixième race seront moins émotifs, ce que nous observons cependant déjà chez les enfants indigo. Les Supérieurs corrigeront la structure des sentiments et des émotions humaines.

Recherche

L'humain tout au long de sa vie est en recherche constante : il cherche où étudier et qui lui apprendra quelque chose d'utile, il cherche du travail, de la nourriture, des vêtements et des divertissements, des amis, l'amour, des livres intéressants. Mais le plus important est qu'il cherche le chemin vers les mondes Supérieurs. La recherche lui apporte bonheur et déception, victoire et insatisfaction. Seulement, il est important dans cette recherche de ne pas se perdre, de ne pas gaspiller son énergie, après avoir reçu un résultat nul à la fin. Après tout, cela arrive aussi.

Les gens sont à la recherche d'eux-mêmes dans une vie et continuent dans la suivante. Le fait qu'on leur a donné une telle opportunité de chercher et de trouver ce à quoi aspire l'âme, est une grande bénédiction, parce que la recherche aide l'âme à évoluer. Cependant, la recherche a ses propres «pièges», dont le navire sur lequel l'humain navigue peut s'écraser.

La recherche ne doit pas être interminable. Quand ça prend toute une vie, cela dit que l'âme est incapable de se fixer des objectifs et de les atteindre. Par exemple, un individu a dit qu'il avait cherché son Aphrodite toute sa vie, mais ne l'a jamais trouvé jusqu'à la fin de sa vie. D'une part, le fait qu'il soit constamment à la recherche, à première vue semble être un bon signe. On peut dire à propos d'une telle âme « une âme chercheuse ». Mais quand elle n'atteint pas le résultat, cela démontre de nombreuses lacunes en elle.

Si l'on considère un exemple spécifique de la recherche d'une femme bien-aimée, il est clair que le chercheur d'Aphrodite a essayé de nombreuses femmes, a essayé d'établir des liens avec beaucoup d'entre-elles. Mais en les analysant, à chaque fois il trouvait des failles en elles qui empêchait de faire un choix définitif. L'individu commence à se perdre dans une multitude de faits, ne sachant pas ce qui est le plus important pour lui. Alors parfois l'architecte se perd dans les nombreuses options de construction et ne peut pas arrêter son choix sur quelque chose de spécifique.

Ceci est un défaut dans la qualité de l'analyse et de la comparaison, l'incapacité de mettre en évidence l'essentiel dans le monde environnant ou dans la systématisation de certains objets. Dans l'imagination, cela peut être une image, mais en réalité, il est nécessaire de trouver l'objet qui est le plus proche possible de l'imaginaire. Il semblerait que ce n'est pas difficile. Mais en réalité, il se trouve que l'individu n'est pas capable de donner une analyse correcte, ni de choisir parmi de nombreuses variantes, celle qui lui est approprié. En fait, comme c'est le cas en mathématiques, il est incapable de ramener plusieurs inconnus à un résultat. C'est un manque de plusieurs qualités en lui : l'analyse, la capacité de détecter l'essentiel et à s'arrêter dans le temps.

L'autre personne est capable de choisir la meilleure des dix options à toute vitesse.

Le sens de la recherche doit être axé, c'est-à-dire qu'elle doit avoir un début et une fin. Et pour avoir une fin, il est nécessaire de choisir le plus concrètement possible les caractéristiques ou indicateurs qui sont primordiaux. Si après trois mois de recherche, on n'obtient toujours pas de résultat, cette recherche doit être abandonnée.

La route est précieuse non parce que nous marchons mais parce que nous savons où aller. Et par conséquent, si on ne voit pas ce point final, il est préférable de ne pas commencer la recherche, afin de ne pas gaspiller la vie au vain mouvement dans un endroit inconnu.

Quand l'humain n'obtient pas de résultat, il gaspille en vain beaucoup d'énergie, qui est accordée pour sa vie. L'énergie est l'équivalent de l'argent dans notre monde. Donc, il se trouve que dans la recherche vide, il a gaspillé l'énergie qui lui a été donnée d'en Haut. Puisque toute l'énergie est à reproduire, dans la prochaine vie, il devra en quelque sorte rembourser sa dette énergétique. Et cela peut être une maladie, une situation difficile ou la perte d'êtres chers. L'humain doit toujours se rappeler qu'il faut payer pour tout, même pour la recherche. Tout gaspillage d'énergies supérieures doit avoir un rendement, donc l'humain doit être plus exigeant envers lui-même et ses objectifs fixés.

Nous devons apprendre à atteindre ce que nous recherchons dans les plus brefs délais et avec un minimum d'efforts. Et pour cela, il est nécessaire d'élaborer un plan pour y parvenir. La perversion des objectifs conduit à l'accumulation du karma. L'objectif doit créer un mouvement de développement sur le chemin le plus court, et pas seulement organiser un passe-temps vide ou un mouvement aléatoire dans une direction inconnue.

Sans aucun doute, la vie est impossible sans but, il remplit l'existence d'un certain contenu. Et la plénitude fait que l'humain se respecte et respecte les autres.

L'objectif est la force motrice du développement pour la plupart des gens. Mais l'humain l'atteint grâce à la recherche. Cette recherche peut être dans des situations réelles de la vie, dans les calculs mathématiques ou dans les vols spatiaux vers d'autres planètes.

Cependant, l'humain déforme souvent le sens supérieur et le transforme en un petit objectif insignifiant. Il part à la recherche d'une illusion ou d'une étoile qui le guide vers la Hiérarchie négative. Ainsi, la recherche peut conduire les uns dans la Hiérarchie positive du cosmos et les autres dans la Hiérarchie négative.

Mais posons-nous une question, est-ce que la recherche est vraiment nécessaire pour tout le monde ou on peut s'en passer ?

Nous considérons la recherche comme une intervalle entre l'établissement d'un objectif et de sa réalisation. Bien entendu, il peut bien sûr être très court. Plus l'humain est concentré, mieux il est capable de centrer ses pensées, plus cet intervalle peut être minime. Ceci est accessible aux âmes du Niveau moyen de développement.

Les jeunes âmes sont souvent incapables de se fixer des objectifs par elles-mêmes, car elles ne savent pas, en raison du manque d'expérience, comment les atteindre. C'est la société qui établit toujours les objectifs pour elles. Par exemple, les objectifs comme obtenir une profession ou créer une famille. Elles-mêmes, elles n'y auraient jamais pensé, donc leur recherche est basée sur l'imitation : faire comme tout le monde.

Certaines âmes paresseuses ou craintives n'aiment pas la recherche, elles choisissent donc, la position de repos complet et essaient d'y rester aussi longtemps que possible, en fuyant tout ce qui les empêche d'être dans cet état. Mais pour éviter la stagnation, les Supérieurs construisent le programme de ces âmes en tenant compte de leur caractère, avec des situations alternées de chance et de malchance, comme l'alternance des bons jours, des mauvais jours. De cette façon, l'humain est brutalement enlevé de force de l'état de repos, forcé de se lancer à la recherche de l'état suivant de son équilibre et de son bonheur.

Mais le principal pour avancer vers l'avant, ce n'est même pas le but mais l'opportunité de faire des progrès en fonction de la recherche. Et chaque humain a son propre type de recherche individuel.

Tout objectif se transforme en une étape, lorsqu'elle est atteinte, il faut définir le prochain objectif pour que le mouvement de l'évolution ne s'arrête pas. Autrement dit, les objectifs définis et atteints de manière cohérente conduisent à l'infini. Le mouvement vers l'infini se construit à travers la recherche du but. Ainsi, les objectifs créent des liens en chaîne et une tendance du mouvement par niveaux vers l'Absolu.

Tout Absolu est le grand but de toute personne qui veut suivre le chemin de l'éternité. Et dans ce cas, l'âme se fixe de grands objectifs. L'ascension à travers les Niveaux vers l'Absolu est basée sur les objectifs d'atteindre aux niveaux mondiaux. Donc, à la fin, la recherche de petits objectifs mène l'humain à atteindre de grands objectifs.

Chapitre 6
FAISONS RÉFÉRENCE AU PASSÉ DE LA RELIGION

La Nativité du Christ est le point de départ à partir de laquelle l'ascension de l'humanité vers la lumière a commencé. Grâce au Christ, la nouvelle doctrine (enseignement) a commencé à se répandre sur toute la planète, en unissant les peuples auparavant dispersés dans une seule foi. Le fait que l'humanité ait commencé à s'élever « à la lumière » n'est pas une comparaison figurative, mais exprime précisément l'essence des processus associés à la religion.

Toute nouvelle doctrine porte en lui les énergies de la prochaine gamme d'énergies par rapport aux enseignements existants à ce moment-là. Et chaque gamme ultérieure, avec laquelle l'âme humaine travaille, représente des fréquences d'énergies plus élevées que celles sur lesquelles les âmes se sont développées plus tôt.

Le Christ a donné par sa venue de l'énergie pour les deux mille prochaines années. Et quand l'âme de l'humain absorbe une nouvelle doctrine, elle assimile ses nouveaux concepts, alors elle assimile une nouvelle énergie, qui entre dans son enveloppe subtile. Nous savons par la physique que l'énergie des fréquences plus élevées brillent plus fortement que celles plus basses. Avant la nouvelle doctrine, les âmes étaient remplies de matière subtile de la gamme d'énergie précédente, de basses fréquences et sombres. Par conséquent, quand ils ont commencé à se remplir avec les énergies de la prochaine gamme plus haute, les croyants en Christ ont brillé plus fort. Les âmes des nouvelles énergies deviennent plus légères, ce qui signifie que le chemin vers les mondes de lumière s'ouvre pour eux. Par conséquent, le dicton « l'ascension de l'humain vers la lumière » devient clair. Mais quand arrive une nouvelle doctrine, construite sur les énergies du prochain Niveau du développement, alors l'illumination continue, ainsi que l'ascension à travers les Niveaux de la Hiérarchie terrestre.

L'ascension vers le Haut est difficile et longue. Il est impossible pour un humain de gravir dans la Hiérarchie de Dieu en une seule vie. Mais ceux qui cherchent à accélérer les tendances de leur développement, doivent prêter attention aux nombreuses techniques qui permettent à l'âme de se déplacer plus rapidement sur le plan spirituel. Pour cela, des églises ont été construites, qui sont des lieux de canaux de communication avec les égrégores chrétiens. Et pour leurs constructions complexes, des âmes très développées d'architectes, de designers, qui étaient aux plus hauts Niveaux de la Hiérarchie terrestre, sont descendus sur terre dans l'environnement de l'humanité.

Il faut comprendre que dans des masses obscures, pour leur éducation et renaissance spirituelle descendaient non seulement des Grands Maîtres, comme Jésus Christ, mais aussi d'autres âmes élevés qui devaient avec le Christ incarner dans la vie, ont dû mettre en œuvre le prochain projet de Dieu : la création d'une nouvelle religion. Le Christ a donné une nouvelle doctrine, et des architectes ont construit des églises et des temples qui, par leurs exigences fonctionnelles, correspondent au travail de l'humain avec la gamme suivante d'énergie. Les ministres de l'Église, qui sont des contactés, ont créé des rituels et des cérémonies. Mais tous ont été mis au point par les Supérieurs, par un département spécial qui a créé le projet pour l'ascension spirituelle de l'humanité à travers la religion.

Le péché principal est l'incrédulité humaine en Dieu parce que celui qui croit en Dieu, qui le reconnaît, essaie de se conformer strictement à toutes les règles morales. Bien que, bien sûr, certains croyants les exécutent sur la base d'une conscience personnelle élevée, tandis que d'autres seulement par crainte de la punition de Dieu. Cependant, dans tous les cas, la foi en Dieu a donné un résultat positif dans l'éducation de l'âme. Le péché est annulé par la foi en Dieu, et c'est ainsi que la foi sincère est toujours précieuse.

L'implication humaine dans la religion est faite par de différentes manières : à travers la beauté des cérémonies religieuses, la beauté de l'intérieur des églises, ainsi que par les guerres et la mort. Rappelons-nous que le christianisme a été introduit dans de nombreux nations par la force, avec l'aide de l'armée des croisés, détruisant tous ceux qui ne voulaient pas accepter la nouvelle foi en Christ et continuaient à adhérer aux vues conservatrices. Combien de personnes sont mortes avant que le christianisme ne soit généralement accepté. Premièrement, les anciens croyants tuaient ceux qui venaient d'adopter la nouvelle foi, faisant partie des premiers chrétiens peu nombreux, ensuite au contraire, des novo-croyants ont commencé à détruire tous ceux qui refusaient d'accepter la nouvelle foi. Je veux dire que les guerres, les batailles ont non seulement détruit l'ancien, mais ont aussi contribué à la purification de la Terre des basses énergies.

L'incrédulité et l'incompréhension ont été emportées par Jésus lorsqu'il est mort. Sa mort est devenue la norme d'obéissance et l'aspiration de l'âme à aider Dieu dans la réalisation de ses plans et la capacité de sacrifier la chose la plus précieuse pour cette raison qui est la vie. Après tout, les gens vivaient comme des animaux, ils vivaient une vie primitive et basse, et il fallait leur donner de l'humanité, pour éveiller dans les âmes, l'amour de leurs semblables.

Par conséquent, les Supérieurs ont donné une importance primordiale à l'introduction d'une nouvelle religion comme un moyen d'éduquer et d'améliorer la moralité humaine. Les Supérieurs ont accordé une grande attention à la construction des temples, des églises, à l'amélioration et à la diffusion des rituels et des cérémonies.

Dieu a voulu créer immédiatement une Eglise unique, mais la présence de nations et de peuples différents a contribué à la transformation des intentions primaires en objectifs privés et égoïstes de l'humanité. Par conséquent, au fil du temps, il y a eu une division du christianisme. Jusqu'au 6-7ème siècle, l'Église était unie et ensuite elle s'est divisée en occidentale et orthodoxe.

Pâques était considérée comme la fête principale de l'Eglise.

Initialement, comme une tradition de célébration, elle a été introduite par le prophète Moïse parmi le peuple juif en l'honneur de la libération des Juifs de l'esclavage en Égypte. Les chrétiens, eux, la relient à la résurrection du Christ.

Mais la fête de Pâques n'était pas seulement une belle cérémonie religieuse situationnelle, elle a commencé à porter un caractère cosmique depuis l'Antiquité, car Pâques a toujours été rattachée non pas à l'été et au temps chaud quand c'est plus pratique d'accomplir la messe, mais à l'un des dimanches du printemps.

Au fil du temps, Pâques a été décalé dans le temps, qui a été causé par la précession de l'équinoxe vernal. . Un millénaire et demi, le jour de Pâques a été décalée de 10 jours. Par conséquent, les astronomes ont suggéré au pape Grégoire de modifier le calendrier. Mais en raison du fait que notre année ne se compose pas exactement de 365 jours, mais aussi des 24 centièmes de jour, cela ajoute périodiquement du temps supplémentaire. Pendant 400 ans, 3 jours supplémentaires s'accumulent dans le calendrier, et pendant un millénaire et demi de la **naissance du Chris**, il s'est alors accumulé 10 jours. Par conséquent, en 1547, le pape Grégoire a ajouté ces jours au nombre existant, apportant un amendement au calendrier existant. (Actuellement, cette différence a augmenté à 13 jours).

Mais ces innovations en Occident ne sont pas soutenues par le clergé de l'Orient. L'Orient s'est avéré plus conservateur et a continué à exister selon l'ancien calendrier introduite par Jules César. C'était l'ancien calendrier julien. Et le nouveau calendrier a été nommé en l'honneur du pape Grégoire et on l'a dénommé d'un calendrier grégorien. Par conséquent, la différence entre les deux calendriers était de 10 jours.

En Russie, l'état a corrigé le calendrier et l'a transféré au calendrier occidental en 1918, mais l'Eglise, séparée de l'État, a continué à vivre selon le calendrier de l'Orient.

Mais ce changement n'a pas été fait par hasard. Cela s'est produit par la suggestion du pape Grégoire d'en Haut. Il était une personnalité élevée et captait parfaitement les idées supérieures qui lui étaient envoyées par les Créateurs de la religion. Par conséquent, il a fait ce qui lui avait été indiqué d'en Haut. Les Supérieurs avaient leurs propres raisons, associées aux processus énergétiques impliqués dans les rituels religieux. (Voir le livre « La vie secrète des Enseignants Célestes »). Les énergies spirituelles descendent sur terre les jours de Pâques. Elles doivent descendre dans chaque église, dans chaque temple de la Terre.

Faire cela en même temps sur toute la planète est assez inconfortable, alors les Enseignants Supérieurs ont décidé de diviser ce processus de descente des énergies vers la Terre en deux processus avec un décalage de 10 jours, qui a été instillé aux bonnes personnes, comme le pape Grégoire. Ainsi, l'égrégore religieux a commencé à travailler en mode double, ce qui a réduit les pertes d'énergie et amélioré la collecte des nouvelles énergies provenant des gens.

Dans n'importe quelle église, il y a un échange d'énergie entre les humains et le système hiérarchique qui le contrôle, ainsi le croyant est rechargé avec une nouvelle énergie pure. La descente de l'énergie sur la Terre est également accompagnée par la recharge d'une nouvelle énergie de toutes les sources d'eau, de tous les réservoirs, mais surtout l'eau de l'église est rechargée, puisqu'elle se situe dans la zone du canal de sa descente directe. Par conséquent, la recharge de l'eau dans l'église est beaucoup plus élevée que la recharge de l'eau dans d'autres plans d'eau.

Cependant, la recharge de l'humain avec une nouvelle énergie ne se produit pas toujours, puisque le Ciel n'ouvre pas toujours sa porte et aussi pas pour tous. Elles ne sont révélées qu'à ceux qui croient vraiment en Dieu, mais pour les Pharisiens ou les non-croyants, le transfert d'énergie se produit comme d'habitude dans la vie quotidienne à travers les situations de vie.

La Porte Céleste ne s'ouvre pas pour tout le monde, en rechargeant les structures subtiles de l'âme humaine avec de nouvelle énergies, mais elle s'ouvre en grand seulement devant ceux qui croient sincèrement et viennent vers le Dieu avec un coeur net pour que cette âme boive des Sources pures Divines de l'énergie subtile. Par conséquence, à la fin de la vie, une telle âme est enrichie d'énergie spirituelle, ce qui contribue à l'augmentation de son Niveau de développement terrestre.

En vain, certains intellectuels pensent que l'on peut entrer dans le monde supérieur grâce à l'intellect. Toutes les sciences techniques, physiques et chimiques, associées à la matière, portent un spectre d'énergie plus bas que le spectre des énergies spirituelles envoyées à l'humain par la religion, alors à la fin, ils ont une intelligence développée et l'enveloppe spirituelle sous-développée. Mais même ceux qui prient avec ferveur, et qui ne veulent pas développer d'autres facettes de leur âme, ses autres qualités, ne sont également pas complètes. Se concentrer sur une chose contribue toujours à un développement d'un seul côté, mais l'humain doit être polyvalent afin de maîtriser toute la gamme des énergies de son Niveau, donc il est obligé de se développer dans de différentes qualités. Dieu dit que même si le cœur d'une personne est sali par la vie, mais ouvert à Lui, il tendra toujours sa main à une telle personne.

Toutes les âmes positives, selon les Supérieurs, sont croyantes car elles se rappellent le moment précédant la naissance, et par conséquent se souviennent des Enseignants Supérieurs qui travaillaient avec elles. Mais la mémoire, réfractée à travers les nombreux événements de la vie terrestre, est bloquée par de nouveaux concepts, et l'énergie terrestre, rugueuse, ferme la mémoire du passé et elles se contentent de la mémoire temporaire terrestre. Cela conduit certains à l'incrédulité. Même après la mort, ils ne comprennent pas qui ils sont et ce qui les entoure. Puis ils doivent être purifiés par la souffrance. La rééducation des âmes dégradées et non-croyantes se fait en souffrances terrestres et moralisations suivantes pendant le Jugement après leur mort.

Les croyants sont des âmes qui n'ont pas oublié leur existence incorporelle. Mais la foi doit être constamment augmentée par des actions appropriées et protéger. Non seulement la participation à des cérémonies et rituels, mais aussi d'autres actions renforcent la Foi. Quand un individu anoblit les âmes dégradées et déchues avec son origine supérieur, en rappelant et en expliquant qui elles sont et d'où elles viennent, pour les aider à s'orienter vers le bon chemin de développement, alors, en assurant les autres dans la foi, une personne continue à renforcer sa propre foi.

Si un individu choisit le chemin vers Dieu par sa propre conscience, ceci est apprécié par les Supérieurs mieux que s'il vient à la foi en rendant hommage à la mode ou pour d'autres raisons égoïstes ou par désespoir. Certains individus se concentrent tellement sur la foi en Dieu qu'ils s'oublient en tant que personnalité terrestre, en se consacrant totalement aux prières à Dieu.

Mais plus la connexion avec le monde Supérieur est consciente, plus elle devient difficile pour l'humain, parce qu'en lui-même, il voit un monde, et autour de lui, il voit un autre monde rempli de souffrances et d'épreuves.

L'humain croit à tort que la communication avec l'Esprit Universel confère des bénédictions, la paix et la protection contre tous les problèmes. Cependant, plus on est proche des Supérieurs, beaucoup plus d'épreuves nous incombent. Mais elles ne sont pas accordées pour de vains tourments, mais pour parfaire le monde spirituel de l'individu dans les épreuves et aussi le plus rapidement possible pour l'élever vers le monde Supérieur, pour se débarrasser à jamais des tourments et de la saleté terrestres.

Le contact permanent avec l'Esprit Supérieur est un sacrifice, car Il est si puissant et énergétique qu'il déplace absolument tout ce qui est terrestre de la vie d'un individu : quotidien et social, en laissant seulement soi-même, c'est-à-dire, le service.

L'Esprit Supérieur (se référant à toute Personnalité du monde Suprême) **est un faisceau d'énergie qui a collecté l'énergie de la plus haute qualité avec une quantité minimale d'espace.**

C'est pourquoi, de nombreux saints ont complètement renoncé à la vie mondaine et ils ont passé des jours et des nuits dans la prière. Ils n'avaient ni famille, ni enfants, se consacrant entièrement au Suprême. Ils se réveillaient avec le nom de Dieu sur leurs lèvres et allaient se coucher en pensant à lui.

Certains sont devenus des ermites, sont allés dans des grottes loin des gens, afin de ne pas être distraits par les affaires du monde. Se contentant de peu de nourriture et de vêtements, ils ont constamment travaillé à travers la parole de la prière avec des énergies spirituelles, donc à la fin de leur vie, leur âme a acquis un puissant potentiel énergétique, et leur corps physique, même les os étaient saturés d'énergies du plan Supérieur. Par conséquent, ils avaient la capacité de guérir les autres.

Grâce au puissant potentiel énergétique de l'âme, ils pouvaient expulser les entités inférieures des corps possédés et guérir certaines maladies. (Pas toutes les maladies ne peuvent être guéries par l'énergie).

Après la mort, leurs os ont conservé en eux l'énergie, alors, toucher les reliques de ces anciens avaient aussi un effet de guérison. Un paroissien, qui a un très petit potentiel énergétique de l'âme, touche les reliques et donc entre dans le puissant champ d'énergie de l'ancien saint (sa dépouille), et cela bannit la maladie, restaure le biochamp déformé par la vie mondaine. Par conséquent, le paroissien se sent mieux, et d'autres ont réussi à se rétablir complètement.

- - -

Dans cet article, nous allons répondre à plusieurs questions liées à des sujets religieux.

Question : Pourquoi certains saints ont-ils des halos au-dessus de leur tête ?

Réponse : Au-dessus de la tête de chaque humain, il y a une structure spéciale du plan subtil que nous appelons l'anneau d'impulsion. Il établit la connexion de l'humain avec son Maître céleste et remplit certains nombres d'autres fonctions.

Les saints sont des gens qui ont des programmes spéciaux pour leur existence dans le monde terrestre. Mais ils ont toujours deux options pour tester leur foi : le chemin habituel d'une personne du monde et le chemin d'un ermite qui n'a ni famille, ni enfants. Mais comme ce sont généralement des personnalités fortes avec des qualités stables, ils préfèrent servir Dieu aux plaisirs mondains. Par conséquent, le plus souvent, ils deviennent des ermites et vivent loin de la société humaine.

Ces personnes consacrent leur vie à de nombreuses heures de prière, c'est-à-dire un travail permanent avec une gamme d'énergies élevées. Déjà avant cela, ils avaient un potentiel énergétique élevé de l'âme, et travailler avec des prières, donc avec les énergies du plan spirituel, contribue encore plus à la croissance de leur puissance énergétique. Comme la transformation de l'énergie commence à partir du plan physique lors de la lecture des prières et des textes religieux, ces énergies passent d'abord à travers l'anneau d'impulsion. Aussi, ici s'ajoute une énergie de leur pensée, de leurs sentiments et réactions à tout ce qui les entoure.

Nous ne dirons pas comment ces énergies se transforment en leurs enveloppes subtiles, mais nous répondons spécifiquement à la question. Pendant les activités des saints, il y a une concentration primaire d'énormes quantités d'énergie sur l'anneau d'impulsion qui se produit. Comme ces énergies sont proches des énergies physiques, elles deviennent souvent visibles à l'œil nu. Le plus souvent c'est les clairvoyants qui peuvent les voir parce qu'ils travaillent avec le troisième oeil dans une gamme de fréquence plus élevée que les organes physiques de la vision.

Cependant, la lumière n'est observée que lorsqu'une certaine quantité d'énergie est accumulée sur l'anneau d'impulsion.

De plus, non seulement les saints peuvent avoir une lumière similaire, mais aussi d'autres personnes qui travaillent avec les énergies. Les mains, les bras, les jambes, le ventre et tout le reste peuvent briller aussi, en fonction des pratiques dans lesquelles la personne s'engage, et de l'endroit où elle concentre son énergie. Si elle est engagée dans la religion et que toutes ses pensées sont reliées seulement avec elle, la lumière viendra de la tête. Ceci est confirmé par la photographie Kirlian. L'énergie concentrée mettra en évidence l'anneau d'impulsion, puis les autres verront qu'une telle personne a un halo lumineux au-dessus de sa tête. Des pensées-images qui viennent de la tête de cette personne vont briller aussi vivement. Ceci est également confirmé par la photographie Kirlian.

Si des saints ou des moines, ou d'autres personnes s'engagent dans la lutte chinoise, leurs mains et leurs jambes commenceront à briller, là où l'énergie est la plus concentrée. Les corps subtils de certaines personnes commencent à briller, ce que les autres perçoivent comme la lueur de l'aura. Certaines photographies reflètent parfaitement l'aura de différentes personnes. Par exemple, on peut bien voir l'influence des prières sur la structure subtile de la personne. Avant la lecture de la prière, l'aura a une taille, mais en lisant, par exemple, « Notre Père » plusieurs fois, le biochamp humain augmente et la photographie reflète que l'aura s'amplifie et devient uniforme. En même temps, après les prières, elle s'illumine.

Les Chinois ont même appris à manipuler les énergies et les utiliser pour combattre. Pour un individu, comme si c'était une école supérieure. Beaucoup de ces combattants savent comment abattre l'ennemi à distance avec leurs pieds seulement avec leur énergie, sans le toucher physiquement. Mais ces actions exigent une reconstitution de l'énergie personnelle car une grande partie de celle-ci provient de leurs propres réserves. Par conséquent, une telle méthode de lutte est jugée irréaliste. Il a déjà fait son temps, les saints chinois ne l'utilisent plus.

Le fonctionnement de l'anneau pour un saint ne diffère pas du principe de fonctionnement de l'anneau de l'humain ordinaire. Le principe est le même mais en raison du fait que le potentiel énergétique, concentré sur l'anneau, chez le saint est plusieurs fois plus élevé que chez l'humain ordinaire, la vitesse de rotation de l'anneau est si élevée que l'anneau d'impulsion ressemble à un disque qui brille.

Question : les sectes des Témoins de Jéhovah sont désormais répandues. D'où tirent-ils leur nom ?

Réponse : Les Témoins de Jéhovah sont des croyants qui, selon le commandement de La Bible « Ne vous créez pas d'idole », ont retiré de leurs rituels, les icônes et les crucifix que les chrétiens ordinaires adorent. Ils ont commencé à adorer la Bible, ce qui signifie, selon leur compréhension, qu'ils adorent Dieu lui-même.

Ils ont trouvé dans la Bible le nom cosmique de Dieu, mais déformé par des scribes et l'ont pris comme base du nom de leur communauté. Jéhovah et Yahvé sont des noms corrompus pour Dieu. Les gens traduisent la Bible d'une langue à une autre et essaient de transmettre son nom dans de nouvelles combinaisons de lettres. Par conséquent, dans des langues différentes, cela sonne différemment. Toute langue déforme son résonnement. Seul le premier contacté qui a écrit la première Bible en hébreu a correctement donné le nom de Dieu. Toutes les autres traductions ont donné des distorsions sonores, puisque chaque lettre porte sa propre énergie.

Aussi, à l'heure actuelle, seuls les initiés et les envoyés avec lesquels Dieu parle directement dans leur langue peuvent prononcer correctement le nom de Dieu. Il n'y a aucune distorsion.

Les Témoins de Jéhovah ont refusé d'adorer un individu terrestre, qu'ils considèrent comme le Christ, et comme il est terrien, par conséquent, ils le considèrent comme égal à eux-mêmes. Mais l'erreur de beaucoup de gens est de ne voir l'égalité que dans l'enveloppe extérieure. Mais les principales différences sont toujours cachées dans l'âme, dans son potentiel énergétique.

Le Christ avait une âme cosmique, il venait du monde Supérieur et ne s'était jamais incarné sur Terre auparavant. Par conséquent, il n'a jamais été égal à humain terrestre.

Question : Peut-on croire les traductions de la Bible, sont-elles aussi précises que possible ?

Réponse : Bien que des exigences très strictes aient toujours été imposées au recensement de la Bible, le scribe ne pouvait pas déformer une seule lettre, mais des erreurs étaient souvent commises dans les traductions. Par conséquent, lorsque de la procession de la Bible à travers les siècles, il y a eu d'importantes distorsions des textes. Par exemple, notre Bible est pleine de contradictions. Donc, elle dit que Adam avait une première femme. Et le mot « première » implique l'existence d'une seconde femme. Peut-être que le traducteur a traduit le mot « épouse initiale » par « première » et un tel mot introduit déjà une ambiguïté dans la compréhension. L'incompétence des traducteurs dans la connaissance Supérieure leur a permis de remplacer certains mots par d'autres mots qui change radicalement le sens de la phrase entière, mais les traducteurs ou les scribes eux-mêmes ne l'ont pas vu.

Dans le premier chapitre de la Bible, il est dit que Dieu a créé Adam et Eve. Dans le deuxième chapitre il est écrit « Dieu créa d'abord le Ciel et la Terre ». Donc, le lecteur se pose la question : qu'est-ce qu'il a créé en premier lieu ? Dans ce cas, une certaine imprécision de la traduction sémantique a été admise. Et cette inexactitude introduit de la confusion dans la présentation elle-même, les faits historiques de la présentation sont perdus. Après tout, les textes les plus élevés ont beaucoup de subtilités sémantiques, qui se reflète bien dans une langue et ne peuvent pas être reflétées dans une autre.

- - -

RÉPONSES AUX QUESTIONS DES LECTEURS

Question : Dans quel but la musique est donnée à l'humain ?

Réponse : Pas beaucoup de monde se développent à travers la musique. Elle est donnée à l'humanité pour accélérer le développement spirituel parce que rien n'élève autant l'esprit humain que la belle musique. Mais cela élève non seulement l'âme, mais développe de nouvelles capacités (l'écriture, une nouvelle direction dans la connaissance du son et de ses capacités, aide à maîtriser sa voix et à contrôler son intonation du son). La musique fournit l'inspiration, ce qui est la plus haute énergie, elle est capable de guérir.

La haute musique classique élève l'âme humaine à son Niveau.

La musique basse éveille les instincts bas : les gens crient, tremblent, s'acharnent et ne recherchent pas les beaux mouvements harmonieux. Autrement dit, la musique basse révèle la bassesse de la nature, comme la drogue et l'alcool.

Les auditeurs doivent être en mesure de se comporter correctement lors des concerts, ce qui signifie qu'ils doivent supprimer la bassesse des actions et ouvrir leur âme à des sons sublimes. La bonne musique remplit la salle d'énergie positive, qui est facilement détruite par des cris, des hurlements, des piétinants.

Mais il convient de noter que chaque compositeur met une énergie personnelle dans ses œuvres musicales, tout comme un écrivain, un artiste dans leurs œuvres. C'est là que naît la diversité de la musique et des œuvres musicales.

Question : Les Supérieurs ont beaucoup dépensé pour la création de la télévision, mais en raison du fait que les gens ont commencé à l'utiliser non pas à ces fins prévues d'en Haut, était-elle valable, la télévision de leur point de vue ?

Réponse : En effet, les Supérieurs ont créé la télévision dans le but d'accélérer le développement spirituel de l'humain, d'augmenter le pourcentage de ses capacités intellectuelles. Et cela se justifiait en partie, car au cours des années du pouvoir soviétique les programmes étaient construits selon le niveau de développement humain de cette époque. Il y avait la censure, qui suivait l'aspect moral des composantes du programme, et il y avait la concentration cognitive. Certains programmes présentaient les réalisations de la science et de la technologie moderne, le public apprenait une langue étrangère et même les mathématiques, il y avait des écoles d'art, etc.

Les anciens programmes ont aidé les gens à s'enrichir de nouvelles connaissances, les films étaient formés d'un caractère patriotique et moral, la vulgarité n'était ni négligée ni corrompue les jeunes âmes. La censure existante qui ne laisse pas tout ce qui est de mauvaise qualité et corrompant à l'écran, a joué un rôle positif dans la protection de plusieurs générations de la décadence morale et contribué à leur orientation correcte dans le développement.

Et depuis l'époque de la perestroïka, la télévision a fortement chuté en termes spirituels et a commencé à servir la dégradation humaine. La société a perdu ses objectifs spirituels et a commencé à adorer le veau d'or. Les personnages principaux des films ont commencé à poursuivre activement des biens matériels et des objectifs illusoires, et personne ne se souviendra de la spiritualité et des objectifs élevés pour lesquels les gens viennent sur Terre. Dans cet aspect des programmes de télévisions ont servi pour la dégradation de l'humanité.

Mais les Suprêmes ne perdent jamais. Toute personne qui corrompt les gens, travaillera à travers les situations difficiles de la vie et par la souffrance, récupérera toutes ses dépenses énergétiques. Et ils ne travailleront pas une seule vie dans les tourments. Mais ils vont mourir rapidement et facilement, et après trois ans, ils reviendront à la vie pour régler leurs dettes jusqu'à l'apparition de la sixième race. Des réincarnations fréquentes avec des programmes de vie complexe qui leur permettront de rembourser les dettes envers les Suprêmes.

Question : Les énergies produites par les gens à travers les émotions sont de basse fréquence et ne sont pas utilisées par les Suprêmes. Mais alors, quelles énergies peuvent être considérées comme élevées ?

Réponse : Les énergies sont considérées comme élevées si elles sont transformées par une activité mentale et créative ; lire de la littérature hautement spirituelle, la connaissance ésotérique, l'inspiration et la souffrance de l'âme donnent des énergies élevées.

Cependant, l'humain moderne ne peut pas être sans sentiments et émotions, car il n'a pas encore atteint le Niveau de développement auquel certains processus acquièrent la gamme de la qualité désirée. Les émotions aident l'humain à affiner la sensibilité de l'âme. Elle commence à percevoir et à ressentir tout autour d'elle de plus en plus subtilement. Et cela augmente la qualité des énergies produites par l'âme à travers l'activité mentale, la créativité et la lecture de la littérature spirituelle.

Comparons les sensations de l'individu sauvage et de celui moderne. La différence de leurs sentiments est énorme. Le sauvage n'a ressenti que la peur du danger et la satisfaction de manger, et l'individu moderne a une vaste gamme de sentiments qu'il a développés au cours de l'évolution.

En outre, en augmentant le seuil de sensibilité lors des souffrances, les émotions d'un individu l'aident à produire de l'énergie d'un niveau plus élevé par rapport à un autre individu qui n'a pas encore développé correctement ses émotions. La différence de performance est essentielle.

Par exemple, les âmes les plus basses ne comprennent pas l'humour, et ne rient pas sur les histoires humoristiques où l'âme moyenne qui a développé ses émotions rit. Par conséquent, la même situation va contribuer à la production d'énergies différentes par ces deux individus. Les individus qui ont des émotions et des sentiments peu développés, vont produire une énergie de qualité inférieure à ceux qui ont atteint un niveau plus élevé.

Par conséquent, la tendance à améliorer les émotions et les sentiments est qu'ils se développent d'abord à un certain Niveau et ensuite doivent être éteints par la volonté, de sorte que sur leur base d'autres qualités se développent ; les qualités de la maîtrise de soi, du calme, de la retenue. Mais la richesse de la perception que l'humain a développé sur la base des sentiments est préservée dans les profondeurs de l'âme comme sa richesse et permet de voir et de comprendre le monde et ses phénomènes plus profondément et subtilement que ceux qui ne les ont pas encore développés.

Question : Quelles activités humaines sont considérées comme à haute énergie ?

Réponse : À l'heure actuelle, la haute énergie est produite par l'aide aux autres, à prendre soin des faibles et des malades, des petits enfants, du travail altruiste au profit de la société ou des Enseignants Supérieurs, ainsi que la lecture de la nouvelle connaissance ésotérique, le chant spirituelle ou patriotique, écouter de la musique classique.

Question : l'humain doit-il toujours avoir confiance en soi-même
?

Réponse : Pas toujours, c'est mieux quand l'humain doute de quelque chose. Cela l'oblige à vérifier à plusieurs reprises ce dont il doute. Le doute aide à éviter les erreurs.

La confiance dans la certitude de la justesse de ses actions sert à justifier des actes commis par un individu. Mais parfois, cette confiance peut être fausse, par conséquent, elle produira une fausse action pour laquelle il faudra payer plus tard.

On voit souvent ce qu'on veut voir, et à cause de cela on reste aveugle à la vraie réalité. Par conséquent, la confiance en quelque chose n'est pas un signe de l'exactitude des actions d'une personne.

Question : Actuellement, sur Terre, il existe de nombreuses théories et hypothèses parmi lesquelles, il est facile pour l'humain non-éclairé de se confondre. Il peut prendre toute fausse théorie comme vraie. Comment savoir si une théorie est correcte ?

Réponse : Si l'on arrive par voie expérimentale à obtenir toujours le même résultat, alors on considère que la théorie donnée est correcte et l'hypothèse dans ce cas se transforme en théorie. Autrement dit, toute hypothèse devient une théorie seulement quand elle obtient la confirmation de la vie. Et pour que les théories et les hypothèses existent, elles doivent avoir des partisans et ses défenseurs.

Question : À chaque période définie du développement humain, on descend des âmes avancées ou soit une génération de destructeurs descendent dans l'incarnation. La période de la génération des destructeurs se termine actuellement. Alors, comment l'humanité va générer les énergies à haute fréquence nécessaires pour les Supérieurs, si la majorité des gens à l'heure actuelle sont des destructeurs ?

Réponse : Beaucoup de gens vont produire à nouveau des énergies élevées à travers les souffrances qui les attendent bientôt sur Terre. Ils vont aussi continuer à travailler les énergies nécessaires pour l'Univers dans la prochaine incarnation de leurs âmes dans des corps laids, s'ils négligent les règles et les normes de développement dans la société. Pourquoi y a-t-il tant d'enfants maintenant atteints du syndrome de Down, et de toutes sortes de paralysés ? Ce sont là certaines âmes qui ont déjà commencé à remplir leur karma à travers les tourments de l'âme. L'âme emprisonnée dans un corps défectueux se sent comme un prisonnier dans une prison. Elle souffre et par la souffrance produit des énergies élevées pour le plan Supérieur.

Les Supérieurs ne perdent jamais. Ils commencent à agir violemment envers les gens qui restent sourds à leurs demandes et à leurs appels.

Question : Quelle est, approximativement, la période réservée à la génération des destructeurs afin qu'ils puissent démanteler l'ancienne société dans les limites requises ?

Réponse : Les âmes destructeurs viennent sur la Terre lors du changement des époques, des systèmes sociaux, pendant la période des guerres et des révolutions. Ils détruisent le vieux et l'inutile pour construire le nouveau. Habituellement, une période de 40 ans est allouée pour la destruction, deux générations se succèdent à partir du moment de la naissance. Ce que la première génération n'a pas réussi à détruire, la suivante détruira. Mais de nombreuses âmes créatrices sont ajoutées à la deuxième génération. Ainsi, deux processus se déroulent simultanément : la destruction de l'ancien et la construction du nouveau commence. Ce n'est pas possible de détruire l'ancien en une seule génération.

Question : À la fin du monde, de nombreux pécheurs meurent dans des cataclysmes, et en même temps de bonnes personnes meurent, à savoir des victimes innocentes. Pourquoi leur mort est-elle la même ?

Réponse : C'est difficile aux Supérieurs de faire des distinctions et de choisir les pépites d'or dans un tas d'ordures, donc ils agissent d'une manière différente : ils balaient tout le monde à la fois, puis il y a une séparation automatique des pécheurs et des justes. Les âmes des pécheurs, remplies d'énergies basses, et donc lourdes, ne peuvent même pas monter dans les tunnels du Distributeur et restent dans les couches inférieures du plan subtil de la Terre, tandis que les âmes élevées s'élèvent dans le tunnel, puis volent dans les salles d'attente du Distributeur.

À propos, les tunnels sont construits de manière à séparer des âmes moyennes des hautes. Ils ont des branches spéciales qui attirent les âmes élevées, effectuant un travail spécifique pour l'humanité, et les dirigent vers les Enseignants Supérieurs en contournant le Distributeur et le Jugement. Autrement dit, une exception est faite pour les âmes très élevées des humains sur le plan subtil. Les Présidents, les grands scientifiques, les grands artistes, les compositeurs, les maîtres spirituels et d'autres ne vont pas dans le Distributeur commun. Et ils passent devant le Jugement d'une manière différente des gens ordinaires. Ce sont des âmes très développées, donc elles ont passé toutes les situations de vie avec dignité, donc dans leurs corps subtils apparaît la haute énergie qui leur permet d'accéder à des endroits spéciaux du monde subtil des Enseignants Supérieurs sans passer par le Distributeur. Mais contrairement aux âmes des messagers et des missionnaires qui s'élèvent vers Dieu dans le monde Supérieur, ils restent dans l'espace proche de la Terre et ne voient pas Dieu. Leurs activités sont analysées par les Enseignants Supérieurs traitant de l'humanité.

Si dans le cataclysme les âmes moyennes ont souffert innocemment, c'est-à-dire qui ne méritaient pas une telle punition sévère que la mort sous les décombres d'une maison effondrée, elles obtiennent des concessions dans le monde subtil et après le Jugement, elles se trouvent dans de meilleures conditions que les autres âmes qui ont commis de nombreuses d'erreurs.

Question : Vous écrivez que la sixième race au début de son existence, les gens n'auront pas de karma. Et puis reste-t-il ou est-il remplacé par quelque chose ?

Réponse : Le karma de la cinquième race est complètement enlevé car il est construit sur des situations passées. Et ces vieilles situations exigent certaines normes et lois pour leur évaluation.

L'existence de la sixième race sera basée sur des situations complètement différentes qui nécessitent une nouvelle évaluation et de nouvelles lois pour leur mise en œuvre. Par conséquent, le karma des gens de la sixième race sera construit d'une manière complètement différente et ne peut pas être comparé au karma de la cinquième race. D'autres situations, d'autres lois d'existence exigeront une évaluation différente des activités des gens.

Question : L'âme incarnée sur Terre est-elle à blâmer si une variante de dégradation est incluse dans son programme de vie ? Après tout, il serait possible de faire deux options positives.

Réponse : Les variantes du programme vérifient la maturité de l'âme en jugeant un problème particulier et révèlent des qualités vicieuses. Si une personne est paresseuse ou de caractère faible, elle choisit toujours ce qui est le plus facile et plus simple. Par conséquent, sa faute est qu'elle ne veut pas apprendre à surmonter les difficultés, apprendre quelque chose de nouveau. Elle ne veut pas réfléchir profondément sur un livre, sur une situation, sur son acte car il est plus facile de suivre le courant sans offrir de résistance à la vie.

Une telle vie ne favorise pas l'accumulation de hautes qualités positives par l'âme et au progrès de l'âme. Par conséquent, la personne a déjà un défaut dans son âme : la peur des difficultés. Si elle avait dans le programme seulement des options positives, alors elle se développerait positivement dans d'autres qualités, mais ce défaut resterait à l'intérieur comme un trou de ver. Il ne peut être éliminé qu'en travaillant sur soi-même, en apprenant à ne pas avoir peur des difficultés.

À savoir, plusieurs options positives ne contribuent pas à l'élimination des défauts de certaines qualités de l'individu et à augmenter la puissance de l'âme, parce que la puissance ne peut être accumulée qu'en traversant les difficultés de la vie. Donc, les options opposées sont nécessaires dans le programme pour identifier le défaut de développement et de séparer les âmes en positif et négatif. Leur séparation se produit au moment de leur choix des voies de développement.

Question : Dans un de vos livres, Dieu dit : « ...Ici, sur la Terre, c'est le début du développement des âmes... Et ce qu'elles deviendront, on le verra plus tard ». Est-ce que vous ne pouvez pas dire d'emblée ce qu'elles deviendront ? Beaucoup d'âmes dès leurs premières incarnations sont calmes et pas agressives. Combien d'entre eux proviennent de formes d'animaux pacifiques : des brebis, des moutons, des vaches. Peuvent-elles se gâter, si elles n'ont jamais été agressives ?

Réponse : L'humain change de vie en vie, donc les Supérieurs ont établi des étapes de développement. Par exemple, ils ne jugent pas l'humain en particulier quand il vit 3-4 vies. Mais quand il passe complètement la première étape des 10 vies, alors c'est la première évaluation des âmes et leur séparation se produit. Les Juges Supérieurs déterminent quelles énergies l'individu en a le plus : positive ou négative. En fonction de cela, certaines âmes sont envoyées sous la protection de Dieu, tandis que d'autres vers le Diable.

À l'étape suivante, ils analyseront les qualités qu'elles ont acquises après vingt incarnations. Mais la division principale se produit lors du changement des races, comme la fin du cycle de développement de toute l'humanité. Les plus capables seront choisies, les autres seront décodées. Après tout, il ne faut pas oublier qu'il y a beaucoup d'âmes sur d'autres planètes de notre univers. Et ce que les âmes deviennent, ne peut qu'être vu seulement après avoir passé un certain cycle de développement. Même au cours d'une vie, l'humain est capable de changer positivement ou négativement, par conséquent, que pouvons-nous dire sur les longues périodes de développement.

Par exemple, nous ne pouvons pas non plus dire à quoi

ressemblera l'élève quand il termine la première année. Mais quand il a terminé 10 ans de classe, il se révèle dans de nombreuses qualités qui permettent d'évaluer quel genre d'âme il s'agit.

Question : Pourquoi un assez grand nombre d'âmes est à décodé ?

Réponse : Dieu exige une construction des matrices des âmes de haute qualité. Il n'a pas besoin de défaut, car il prépare les âmes aux processus éternels. De même que l'humain détruit toutes les mauvaises herbes dans son jardin, ainsi, Dieu agit pareillement dans les mondes bas, car s'il reste une mauvaise herbe, elle va semer les graines dans tout le jardin. Donc, on arrache tout jusqu'à la dernière mauvaise herbe. Les Supérieurs font de même. Pour les Supérieurs, les âmes défectueuses sont des mauvaises herbes.

Question : Est-ce que cela signifie qu'un certain pourcentage du nombre total des âmes incarnées sur Terre pendant la période du changement d'époque est supprimé, comme un lest qui empêche de respecter un rapport exact d'un équilibre énergétique pour une ère suivante ?

Réponse : Oui, certains ratios doivent être maintenus. Après tout, Partout dans la Hiérarchie, tout est calculé pour un nombre spécifique d'âmes, comme un avion qui est à l'avance conçue pour un certain nombre de sièges.

Cependant, les Supérieurs font des faveurs aux âmes. Celles qui donnent des défauts insignifiants dans les qualités sont envoyées dans des mondes parallèles ou sous-jacents où elles continuent à affiner leurs qualités aux caractéristiques standard requises.

Question : L'humanité est maintenant sur la voie de la dégradation. Le non-respect du programme de l'humanité est probablement la faute non seulement de l'humanité, mais aussi des erreurs de calcul dans les programmes des calculateurs Suprêmes et d'autres facteurs inconnus qui conduisent à sa dégradation ?

Réponse : Les erreurs ne se situent pas dans les programmes mais dans la psychologie humaine. C'est leur mentalité qui échoue constamment dans le sens des avantages matériels du fait que la Terre, comme une âme bienveillante, donne aux gens trop de ressources et de minéraux qui permettent de créer des produits de luxe et des excès, et qui gâte l'humain. La plupart des gens ne veulent pas renoncer à la générosité de la Terre et en même temps ne veulent pas se développer spirituellement afin de compenser en quelque sorte le caractère défectueux de leurs aspirations. Par conséquent, le non-respect des programmes par les humains et la dégradation de l'humanité sont liés à son amour excessif pour les biens matériels et au manque de travail spirituel sur soi-même.

Question : Les Supérieurs sont conscients que tout écart ou erreur de calcul dans les programmes peuvent entraîner des conséquences négatives. Sont-ils consciencieux de leur travail et sont-ils eux-mêmes punis pour leurs erreurs ?

Réponse : Oui, les calculateurs Supérieurs savent qu'ils seront sévèrement punis pour leurs erreurs de calcul, alors ils recomptent la même chose à plusieurs reprises. D'ailleurs, il est nécessaire de prendre en compte le degré de développement de leur intelligence. Elle est beaucoup plus grande que celle de l'humain.

Ils calculent toutes les options possibles et toutes voies de dégradation possible. Mais ces voies sont nécessaires pour que l'humain apprenne à choisir dans toutes les situations uniquement ce dont les Suprêmes ont besoin, et non lui. Mais l'humain oublie les Supérieurs. Il choisit toujours ce qu'il veut lui-même. Il ne jeûne pas, ne lit pas la littérature spirituelle, mais mange ce qui est plus savoureux, lit ce qui divertit et n'enrichit pas l'âme, etc. Par conséquent, il ne faut pas blâmer les Supérieurs, mais l'humain qui ne justifie pas leurs espérances.

Question : Comment utiliser correctement la liberté afin de ne pas faire des erreurs ?

Réponse : Le temps libre et la liberté d'action ne sont donnés pas pour flâner et montrer ouvertement la bassesse de notre nature. La liberté sépare les âmes des justes et des pécheurs, en permettant tout et, par conséquent, révélant des vices dans les âmes. Mais l'humain positif dans une période de liberté peut faire des progrès significatifs. Cela nécessite deux conditions :

1). Il doit rester hautement moral et ne pas succomber aux provocations de la permissivité et de l'impunité ;

2). Il doit utiliser correctement la liberté pour le développement, à savoir il est nécessaire d'utiliser chaque jour et chaque heure pour perfectionner son âme, s'enrichir avec de nouvelles connaissances et acquérir des compétences créatives. L'humain doit subordonner toute liberté de pensée, d'action, de foi, de créativité afin de l'utiliser dans le processus de s'enrichir de nouvelles connaissances et de s'élever vers les idéaux les plus élevés de l'humanité.

Une meilleure connaissance de l'essence du mécanisme de la

liberté permet de comprendre les pièges qu'elle place pour l'humain non-éclairé et aide à les contourner. Par conséquent, il est nécessaire de s'enrichir de nouvelles connaissances. La connaissance se transforme en protection de l'humain contre la dégradation.

Sommaire

La liste des livres
Série « Au-delà de l'inconnu »
Seklitova L.A & Strelnikova L.L

Site : www.6paca-france.com
Mail : 6paca.fr@gmail.com /ou simon.couvin@gmail.com

FACILE

« L'Esprit Supérieur révèle les mystères » (FAQ)
« Terrestre et Éternel » (FAQ)
« Les mystères du 21ème siècle » (FAQ)
« Le chemin de l'inconnu » (FAQ)
« L'illusion de vérité » (FAQ)
« Rencontre avec les invisibles »
« La création des formes ou bien les expérimentes de l'Esprit Supérieur»
« L'Homme de l'ère du Verseau »
« Le dictionnaire de la philosophie cosmique »
« Le mystère de la réalité »
«La révélation du cosmos»
« le mystère à la réalité »
« Le Formule de l'évolution »
« L'homme de la race d'or »
« Le feu de Prométhée ou la mystique »
« La réponse de Pythagore » (FAQ)
« Les secrets énergétiques d'un mariage durable »
« Les capacités paranormales »
« La transformation des âmes de différentes formes de vie »
« Les doubles de la Terre »
« Le but du développement de l'homme »
« Les découvertes sans télescopes »

MOYEN

« L'Âme et les mystères de sa structure» (FAQ)
« Les mystères des mondes Supérieurs » (FAQ)
« La vie secrète des Maitres Célestes » (FAQ)
« La structure d'énergie d'une personne et de la matière » (FAQ)
«Les perles des vérités Supérieurs »

« Conversation sur l'inconnu »
« La matrice – base de l'âme »
« Le doigt du Destin »

DIFFICILE
« La philosophie de l'éternité »
« La philosophie de l 'Absolu »
« L'individuel et l'éternité »
« Formation de l'âme ou paradoxale philosophie »
« Le nouveau modèle de l'Univers, et le mystère de l'univers, est ouvert »

TRÈS DIFFICILE
« Les Lois de l'Univers »

Série « Encyclopédie d'une Nouvelle Ère »
Seklitova L.A & Strelnikova L.L

MOYEN
4. « La naissance, la mort et le Karma » Tome 4
5. « L'Amour, la Famille et les Enfants » Tome 5
6. « L'évolution de l'Humain » Tome 6
9. « La personne extraordinaire » Tome 9

DIFFICILE
1. « Le création de l'Homme » Tome 1
2. « Le création de l'âme » Tome 2
3. « Le développement de la mentalité » Tome 3
7. « Le Choix de l'Âme ou bien l'Évolution positive et négative d'une personne » Tome 7
8. « Le Sort, le Destin ou bien le Rôle des Programmes dans l'Évolution d'une personne » Tome 8
9. « L'Humanité » Tome 9
10. « L'Homme Incroyable » Tome 10
11. « Nouvelles informations sur la religion » Tome 11

SECTION : « La race de la Terre d'or »

DIFFICILE

12. «La terre, une planète sage » tome 1
13. «Les mystères du Temps » tome 2
14. « L'univers et ses mondes » tome 3

Série « Magie de la Perfection »
Seklitova L.A & Strelnikova L.L

FACILE
« La Liberté et la Inévitable »
« Les leçons Karmiques du Destin »
« Le Grand Passage ou les Variantes de l'Apocalypse »
« Pourquoi les changements de la Terre »
« Le Formule de l'évolution »
« La Terre – 21 siècle »

MOYEN
« La Phénomène de l'âme »

Série « Spiritualité à Aphorisme »
Seklitova L.A & Strelnikova L.L

FACILE
Cette série compose en un livre « la spiritualité en aphorismes » qui comprend des livres suivants: « Facettes du diamant », « Blues d'étoile », « Miroir de la sagesse », « Pétales du lotus », « Ode de l'éternité », « Sonate de la vérité », « Sagesse *à aphorisme* », « Vérités éternelles ».